下半輩子，不再為工作而活

남은 생은 일하지 않습니다

金江美／圖．文　　陳彥樺／譯

在寫這本書的時候，全都是爲了我自己。
希望我能成爲一個自私、只爲自己，以及不懂事的孩子。

職場叛逃者的心路手記：唯有誠實，能幫助我們活得更像自己

《有一種工作，叫生活》作者　**曾彥菁**

中年離職，轉身離開後的風景會是什麼？相信這是許多辛苦上班族，不時會在心裡想像的畫面。想像歸想像，卻離真正踏出的那一步遙遠，總是害怕放棄了，前面的累積變成一場白費。

作者金江美在鄰近四十歲之際，毅然離開打拚了二十年的廣告業，不為轉職、不為家庭，只為自己，好好生活。《下半輩子，不再為工作而活》就像翻開金江美的日記，一探沒有工作後的第二人生，新鮮、迷惘、疲倦、享受，一切不一樣的細細感受。

職場叛逃者的內心掙扎

我也是在二十六歲時離開職場，轉作自由文字工作者，雖然離職時的年紀相差了十多歲，但過程中的感受像極了金江美的經歷。

首先是離職時的痛苦，金江美說自己就像燃燒殆盡，若吹起風，也僅剩雪白的灰燼。

現代職場，無論哪個國家，什麼產業，哪個職位與世代，都是有同樣的困境——超時超量的工作、複雜的人際、僵固的規則，以成就工作為第一優先，卻忽略了重要的人。讓我們忘記了，人類本來是為好好生活而工作，卻犧牲全部的人生在工作。

於是我們看見一個個「職場叛逃者」從體制中逃離，他們往往是在職場中相當努力，甚至努力過頭的人，一不注意把自己燒完了，於是轉身跳向另一個極端，全然脫離一切體制。那個心情是：「既然以前已經這麼努力了，現在是否可以稍微偷懶一點，活得更像自己一點？」

一開始都是輕鬆愉快的，週日晚上不再因明天要上班而恐慌、不需要每日化妝打扮、可以慢慢品嘗一頓優閒早餐。但離開主流終究會面臨挑戰，原本支持離職的朋友紛紛關心起你的下一步、沒有了名片，你突然變成了沒有身分，不知如何介紹自己的人。

「與意識無關，是習慣操控了我。習慣真是一個可怕的東西，甚至殘忍。」剛離職的金江美還是習慣在上班時間醒來，即使呼喊身體再多睡一點，習慣還是輕易地輾壓掌控。不只是生活習慣，包含我們過去以位階收入評斷一個人、設立目標後鞭策自己奮力達陣、忙到沒時間陪家人等等，都是離職後需要重新思索的價值觀。

叛逃者看似擁抱了自由，事實上與主流價值、過往慣性的拉扯，都是他人看不見的內心掙扎。

人生危機就是一種提醒

我們可以將金江美的改變，視為一場「中年危機的轉型」，她在學生時期就心生嚮往的廣告業，努力奮鬥了二十年升上中階主管，也許再拚一點就能當上高階主管。但當她環顧四周，卻發現這個地方好陌生：「這真的是我想要的生活嗎？」這個提問改變了她的人生，決心誠實面對內心。

許多人依照著主流社會的價值，一路讀書升學、就職工作、結婚生子，乖乖完成「必修學分」，卻發現人生不會因此有獎勵，快樂也不會由此而生，因而開始迷惘，懷疑自己的一路選擇，發現手上的牌好像沒有一張是自己想要的，最後變成中年危機。

事實上不只是中年，年輕人也有所謂的「青年危機」，如我這一輩的三十歲世代，在「三十而立」的期待下，也常懷疑著我們該照著社會的常軌走，還是去追逐內心渴望的熱情？萬一失敗了，我們又該怎麼辦？

所以對於自我與人生的懷疑，從來就不會因為歲數增長而自動消失，青年、中年乃至老年，都沒人對於人生有百分百肯定的答案。危機若是常態，我們也不必總是恐慌，誠實面對心中感受，不壓抑不欺騙自己，讓那危機帶領，去看見內心想告訴你的方向，危機就真的能變轉機。

就像金江美想起她年輕時最喜歡畫畫，跑去書局買了插畫書與寫生簿，拿出以前到歐洲出差時買的美麗色鉛筆。「攤開二十四色的色鉛筆，發出一道彩虹般的光芒，那道光映照進我的內心。」看到這一段描述，我們都能感到一陣希望，只是微小的一幕場景，卻是生命重新甦活的奇蹟。

倦怠與迷惘，就像一記醒鐘，唯有誠實，能幫助我們活得更像自己。專注於你真正在乎的，選擇你真的想要的，讓內在之聲成為前進的路引。

這輩子請爲自己而活

金江美就靠著寫文與畫畫，偶爾接些企畫案，到朋友的公司幫忙，領取不固定的「零用錢」，以自由工作者的姿態活了下來。

後來的故事更神展開，她跑到日本學語言、學畫畫，作品在藝廊展出，意外以兩萬日圓的價格售出，正式成為一位畫家。幾個月後，她又前往紐約，浸淫在藝術的薰陶裡，每日逛畫廊、美術館，在街廓的咖啡廳感受生活。

午後的美好陽光，不再只能透過辦公室的窗戶偷看，能在樹下大刺刺地享受，擁抱那平凡卻也難得的幸福。叛逃者沒有想去哪裡，就只想這樣舒舒服服曬太陽。

這份幸福也許就是因為走過前面辛苦的二十年，交付了全部的時間與心力，重新贖回生命的決定權後，才顯得珍貴且重要。

正如金江美體悟到：「離開公司後，我的生活標準更明確了。我的人生主角是『我』，這樣就夠了。無須背負深厚的哲學，未能悟出自我成長之道也無妨，我只需收集適合自己的參考資料，找到屬於自己的方法，讓曾經掉入工作深淵的我，現在可以愉快地享受生活；曾被壓抑的心情能輕鬆哼唱歌曲；像個散漫的孩子到處遊玩、發揮好奇心，這樣就夠了。」

不只是下半輩子，不再為工作而活，希望你這一輩子，都可以為自己而活！

自序 下半輩子，不再爲工作而活

曾經，我相信我做的這份工作是我的天職。也許是那份無條件迫切渴望做好工作的心態，讓我有了這份堅信。然而，它燃燒了我青春的滿腔熱血，培養了我一股有勇無謀的工作衝勁，並一點一滴慢慢將我吞噬。

在吃喝拉撒的日常生活裡，我的重心仍是工作。每個決定與選擇，其優先順位當然是工作優先。那時的我以為把工作做好了，即可證明自己的存在，過著美好的生活。年資不斷累積，實力漸長，如今不再需要低聲下氣，我才發現一切都變了。公司這種地方……若想待得久，單靠做好工作是不夠的，還必須要擁有柔軟的處世能力、聽任上天安排的命運，以及具備不怕傷害他人的殘忍。就像硬是穿著不合身的衣服，看著源源不絕的工作量，我開始疲憊了。

直到筋疲力盡，我感到慚愧：「這真的是我想要的生活嗎？」熄燈後的空蕩辦公室裡，只剩我獨自一人。環顧四周，看著這個我全心投入的公司，理應是我最熟悉的空間，卻看起來如此陌生。突然間，我喘不過氣，莫名地流下眼淚，像逃亡般離開了公司。就在那天，我決定不要再被工作綑綁了。現在的我，不想再過著為工作犧牲奉獻的生活了，下半輩子，我要為自己而活。

本書故事講述我曾經因為工作遺失了自我，而在那之後我是如何一步一步找回它，以及過程中的各種酸甜苦辣。過去無論到何處，都只談論工作話題的我；又或者是除了工作就沒有其他可以自我介紹的我，這樣的我，在即將邁入中年之際，鼓起了勇氣，決心要找回自己。因此，我應該先從已經習慣充滿工作的日常生活開始改變。過去即使有時間也沒有該做或想做的事，這般空虛的生活日常，我不能再漠視了。

拋開不明朗的未來與生計上的擔憂，毅然決然辭職。現在，我只想全心全意投入一個沒有工作、即時享樂的生活，反覆做那些讓我大笑、有朝氣、感到開心和感動的事情，找尋過去被工作埋沒的自我。

我想給自己一個機會，一個工作以外的機會。只要是我想做的，無論是什麼都可以不用考慮前因後果、沒有罪惡感，盡情地去做。不計較成果，全心投入做我喜歡的事情，即是最大的回報。

若要真正放下早已習以為常的工作，需要非常大的努力與痛苦。茫然的時光，偶爾稍縱即逝，但有時卻也度日如年。不過，某些時候，當我放下心中的重擔，變得一身輕盈後，我又能再次抬起頭來，找回自信心。也許，他人不懂，但我可以坦然地大聲說：「除了工作，我還有很多可以做的事情。我也是可以這樣生活的人！」

「我們唯一擁有的人生，是生活。」

如卡夫卡（Kafka）所述，我們為了生活，能做的就是一點一點地展開翅膀，自由翱翔。

TIP

覺得自己除了工作以外什麼都不會，又或者不知道從何改變生活？處於這樣狀態的你，我希望這本書能為你帶來一些幫助。你並非什麼都不會，而是你除了工作，從未嘗試去做其他的事情。所以，改變永遠不嫌晚，現在開始提起勇氣吧！

CONTENTS

第一階段　煥然一新的日常生活

第二階段　重新感受的日常生活

第三階段　再次調整的日常生活

第四階段　重新填滿的日常生活

第五階段　新鮮享受的日常生活

第一階段

煥然一新的
日常生活

新生活指南：喚醒另一個自我

離開公司後，我的生活目標更明確了。
我的人生主角是「我」，這樣就夠了。

陷入職業倦怠的一天

「都怪你！事情搞成這樣都是因為你太貪心。」這是他用那副厚唇對我說的第一句話。（督促我說這件事必須做的人又是誰？）如果用紅色蠟筆在他臉上畫上倒三角形，倒三角形的頂點會剛好落在他的厚唇上，持續一個禮拜不斷責罵我。（各種藉口表示他遭殃都是我的錯。）

一切都是「我的錯」。無論事情怎麼發展，總歸一句是「我的錯」。聽久了，我也認為這一切都是我的錯。手邊的事情越來越多，組員們凡事嫌煩又一臉喪志的眼神看著我，另外各種複雜的情況導致無法正確判斷，造成事情發展不順，都是我的錯；到最後仍放不下我那點自尊心，這也是我的錯。

他一副沒事的樣子走出會議室大門，隔了十分鐘後，我才踏出會議室，無力地回到我的座位。溫暖的春光無意間照進來，啊！我累了。肚子突然餓了，工作不就是為了填飽肚子嗎？真想安心地好好吃一頓飯。

我和直屬兼組員A一起來到公司附近的生魚片店吃晚餐。一口燒啤潤喉，新鮮的生魚片沾了辣醋醬，勉強塞進口：「好累啊！不管是工作，還是公司……我還能怎麼做？也不是說之前都事事順心，可是現在，我真的累到快喘不過氣了。」我連嘆了幾聲，直屬後輩A安靜地陪我喝酒，並向我投射出委屈與埋怨的眼神說：「只有組長覺得累嗎？我們……這段期間也不好過啊！」一瞬間，酒醒了。又來了，又是我的錯，都是我的責任。

任誰來看都知道這個任務不能接，其他組的組長紛紛搖頭拒絕，必然是有他們的理由，那就是在公司不耍小聰明絕非是一種美德；小聰明是比實力更需要的生存能力。為什麼我沒能察言觀色？不，問題不在這裡，是我的能力不足，缺乏出人頭地的本事，我的確是組內的害群之馬。

隔天，我決定遞出辭呈。當下我感覺自己必須這麼做，不為他人，只為跌到谷底的自己。不斷努力再努力，隨時準備接下一個任務，我不想再過這樣的人生了。曾經，自我辯解與迷戀工作讓我將這份工作視為天命，和同事們之間的愛恨情仇更綑綁了我的手腳，但現在，我非常確定自己不應該動搖了。

我向自己高喊：你已經燃燒殆盡了。若起風，現在能吹起的僅剩雪白的灰燼。

那天起，我花了一個月的時間打包整理，除了人事物以外，還包括對公司的情感，完整地搬離公司。在這裡度過如此漫長的歲月，竟然用一個大行李箱就裝完了，整理好我在這個公司、社區的大小事及所牽絆的金錢關係，我向待在這裡的居民們一一道別，換到另一個新社區。

還沒出人頭地，我竟然就成為無業遊民。明天起，我沒有任何計畫，也不想設立一個不能按照自己心意去做的計畫。總之，先適應新社區再說吧！

敏哲書局
OPEN
社區書局的新星，
敏局長先生
深夜食堂的老闆，
朴次長
瑜伽達人，
崔代理
去旅行嗎？
不，是離職！
Namaste ～
若不果斷離開熟悉之地，
就無法重新開始～

TIP

想起那些用各種理由辭職並過得很好的人們，我清理了這段時間被染黑的心靈，以及恢復早已透支的體力，慶祝自己也和他們一樣有了新生活的機會。

二十歲夢想的自己，去哪了

現在想想，我可以順利進入這家廣告公司純粹是倚靠我的外貌及厚臉皮的誇張動作。當時，心想廣告公司比起大企業看似多了那麼一點專業，便拋下鐵飯碗的大企業不做，選擇了它。我非常深刻記得決定生死的最終面試那天，面試的時候，我竟當場流下眼淚，向面試官表示自己非常渴望能勝任這項工作，沒想到這一幕竟然深深吸引他們。或許，眼淚掉下來的那一刻讓當時的面試官們想起他們逝去的年華，而對於身在萬綠叢中一點紅的我，他們可能參雜了私心想幫我加分，我才能僥倖地在這場激烈的競爭中脫穎而出。加上當時憑藉著大學四年穩紮穩打磨練出來的文采，我順利地通過術科考試；更幸運的是，我竟然被分配到所有新任員工們最想進入的團隊。

但這也是我遭遇一連串嚴峻試煉的開端。表面看似自由享受的工作，夾在冷酷的專業人士之間，我怯場了；加上堆積如山的工作，一點一滴慢慢被榨乾了。那段時期，我一天比一天絕望，永無止盡的痛苦讓我時時刻刻體會到自己的無能；在公司裡，永遠有開不完的會議，每到開會時刻，我又要接受前輩們的考察。我不得不在台上報告那些毫無章法的創意構想與自主練習的文案，他們在令人猜不透的表情中露出冷笑和尷尬的沉默，我的心頓時揪在一起。

就在我感到挫折不已時，帶領我的前輩提出建議，給了我撐下去的力量，他說：「想想你二十年後的模樣，如果你想成為『那個未來的你』，『現在的你』必須思考自己該做什麼。現在二十歲的你必須為了那個二十年後的自己鋪路。」每天早上與賴床對抗時、令人心累的開會時、在熄燈的辦公室獨自擦拭眼淚時，這句話在腦海中徘徊了無數次，陪伴我度過這些難關。

很幸運地，我比其他同事有更多小小的機會，不到幾個月的時間，就被升遷為前輩們的左右手。每天在一堆混濁泥土中奮力生存，不惜出賣靈魂，付出了三十歲的大好時光。雖然有一點令人傷感，但假如有人問我還想不想回去那段時光，我會毫不猶豫地回答「不」！

臨近四十，現在的我成了一隻迷失的羔羊，因為我找不到二十歲時描繪的「我」。就在走出公司大門之際，那個總是拚命不肯放手的「我」如泡沫般消失了。

是的，我該感謝那個堅持活下來的「我」，和她好好道別並給予一個溫暖的擁抱；那個使我瘋狂、讓我痛苦的「我」，以及再辛苦也未曾離開過的「我」，我真心愛過這樣的我。

太感動了！
白蘿蔔水泡菜湯麵，
期待吧！
我要挑戰穿緊身褲
孩子們，你們覺得呢～
有趣嗎？
呵……
還滿像樣的
垂涎三尺
再多一點……
集中，集中

不要和我說話！

有想要做的心，
那就成功一半了。

TIP

人說江山易改，所以我不去想像長遠的自己，而是數百個短暫的我，如：閱讀經典書籍的我、醃製白蘿蔔水泡菜的我、成功減掉 2kg 的我、做瑜伽的我……等等，一個月換一個，開開心心地和各種樣貌的自己暢談。

可怕的習慣

與意識無關，是習慣操控了我。仔細一想，習慣真是一個可怕甚至殘忍的東西。午夜的天空蔚藍，太陽逐漸升起，劃破天際，光線透過窗簾照射進來，讓頭腦、精神比眼睛睜得都快。上班時養成的習慣簡直比鬧鐘還要準，假如有事情發生卻不馬上處理的話，就渾身不舒服，像一塊大石頭壓在胸口驅趕了睡意，而我會慢慢安慰自己：「還沒……時間還沒到……多睡一點，拜託！」

最後只好一躍而起，迷迷糊糊地結束這段不熟悉的賴床時間。打開電視收看〈今天上班路〉快訊，主播宏亮的播報聲音，提醒大家今天的天氣會下雨或下雪，最後主播說了一句話：「今天也加油！」聽起來真是刺耳，像是火上加油。我皺皺眉頭，一怒之下關了電視機。轉開廣播，終於輪到自己講話的ＤＪ像機關槍掃射似的劈哩啪拉：「今天的交通狀況比平常更順暢……希望大家努力工作，有個充滿希望的一天……」什麼啊！自以為是老闆嗎？什麼努力工作啊……還不播放音樂？一氣之下又關了廣播，蓋上被子，閉上眼睛！

黑暗之中抹去睡意，哀嚎掙扎：「不如久違地來個運動？晨跑好了？什麼話啊？醫生說我心臟不好，突然這樣跑，很有可能心臟病發身亡。況且以前拚死拚活工作維持生計，我的體力早已透支……」正是說明我現在繼續睡覺才是對的，但以前還要用昂貴的計程車費換來的甜蜜賴床，現在都去哪了？

沒到十點，我絕不起床，反正也沒有起床的理由。總之重新閉上眼睛，不去想任何事，同時自我催眠：「睡吧，多睡一點，我的字典裡沒有『上班』兩個字了。」越逼自己，越是睡不著。原本神智不清的腦袋，現在超級清醒，眼珠子自動睜開，看看時間是八點半，正好是要出門去公司上班的時間。一天的開始，真不如我意。

鬧鐘、手機、我～無視圓圓的太陽，
多睡、再多睡一點。

TIP

可以的話，睡得比平常更晚一些。手機鬧鐘通通不設定，千萬也別被窗外的太陽所動搖。準備好的厚重無趣書籍在床底下喊著：「快來讀我～快來讀我～」

我，消失了

一有空檔就不斷響起的手機，現在毫無任何消息。不，剛好響了兩次，一次是推銷「高價植牙」的牙醫保險電話；另一次是告知「VIP客戶的新型手機購買優惠」的推銷電話。

如果是在公司裡接到這種電話，早就被我無情地掛掉，如今我靜靜地聽對方說話，畢竟他打給我也是為了賺錢，這讓我想起從前，因而有了惻隱之心。所以偶爾我會適當給予回應，點點頭，提高聲調回答「嗯」，並親切地跟他說聲「謝謝」，直到對方主動掛掉電話。

滑手機的時候，我順便看了自己超過四百個聯絡人的通訊錄，除了少數幾位家人與久久聯絡一次的朋友，其餘都是公司同事和合作廠商負責人，他們與我的關係是有限定條件的，一旦拋開工作的名義，我們的關係瞬間瓦解。沒想到在我上班的這段期間，竟只跟這些人往來。

那些一起上大學的朋友們都去哪了？原來，當我用工作堆疊人生的同時，亦在朋友們之間築起一道高牆，現在走出公司以外的地方，我也不再是我了，因為工作以外的我什麼都不是。除了公司，沒有其他地方可以證明我的存在。話說回來，離開了公司，我就是一個無處可去、無人可約的孤獨人。

工作的執著和強迫症造成我與其他人之間隔著一條無形的界線，成天只圍繞在同事們身旁，度過緊湊的每一天，反而讓我害怕與他人交往，成了另一種壓力。無時無刻被工作綑綁著，搞得我天天都很緊繃，接踵而來的憤怒與惆悵讓我更不安，使我無法輕易對他人打開心房，也不敢靠近誰。於是在公司外頭，我不擅長表露自己，彷彿是被人硬推上舞台，既陌生又令人不舒服。外面的人們與我宛如是兩個世界，我對他們不感興趣，他們亦對我不抱持關心。

現在離開了公司，名片上的頭銜不再是我的，我該從哪開始找回自己？又該往哪走？

TIP

我帶著輕鬆的心情加入社區文化中心。在這遇見各種新世界的人們，大家不分性別與年齡，一起分享共同的興趣。

一個人吃的午餐

因為睡睡醒醒的關係，我依然拖著沉重的身體翻來覆去，看著天花板發呆一陣子後，突然覺得肚子餓。瞄了鬧鐘一眼，已經十二點半了，一下子就來到上班族最愛的喘息空檔，開心的午餐時間。

幾天沒開的冰箱如預料之中空蕩蕩，加上玄關門的燈光，看起來更淒涼了。為了填飽肚子，我還是翻了冰箱找尋有沒有可以吃的東西，果然沒找到，最後還是走出了家門。

平凡淡雅的住宅區角落隱藏著五花八門的公司行號，這些公司員工們一起三三兩兩地到各個餐廳吃午餐，這時候如果我獨自一人到店內吃飯，餐廳老闆或其他用餐客人是否會覺得我礙眼？他們看到我一個人來，心裡會怎麼想？

某位法國思想家曾說：「在眾人面前一個人吃飯是一件比饑荒和乞丐更

悲傷、不幸的事。」我會不會成為他口中說的那個人呢？彷彿有人掐著我的後頸，令我不寒而慄。

頓時，我退縮了。在社區的餐廳前晃來晃去，站在窗邊偷瞄餐廳內部的狀況，像是日本電視劇《武士美食》的男主角，他是一位六十歲退休的男子，想要一個人吃飯，站在餐廳門口猶豫不決，掙扎著該不該踏進去。不過是吃個飯，有什麼好掙扎的？

可現在的我卻和他一樣躊躇（說得誇張一點，這跟在廣告客戶面前發表企畫同樣緊張）。負責外場服務的阿姨跟收銀的櫃檯小姐的眼神超級銳利，如果我這時間一個人占據四人桌，他們還要特別幫我準備一人份的小菜，的確很麻煩。因此，我不敢厚著臉皮走進去。

不如回家煮泡麵吃吧？不過，一個人吃飯、一個人喝酒不是已經是習以為常的事了嗎？反正之後都要一個人吃飯了，剛開始總是會覺得困難、不習慣。我推開了門，先進去再說吧！一進門，我快速掃過裡面一遍，生怕有認識的人，自動走到最角落的空位坐下。滿臉通紅的阿姨拿了一瓶水和杯子走了過來，我急忙點了嫩豆腐鍋，再次偷偷環顧四周，只有我是一個人。餐廳裡，沒有人可以和我一起分享一個人吃飯的尷尬，而且看看牆壁上的鏡子，鏡子裡有一位剛從家裡出門的四十歲醜女，那就是我。今天晚餐我一定要去大型超市採購，自己煮飯吃。

嗯～這時間適合一個人吃飯
好時機！
嫩豆腐鍋
烤魚
辣炒章魚
一個人也能吃得好！

獨自旅行都去過了，
一個人吃飯不算什麼～

TIP

一點半至兩點是一個人吃飯的好時機。這個時間點，附近的上班族剛好都用完餐，又不到餐廳休息或店家員工用餐的時間，餐廳內還剩幾桌較晚吃午餐的客人，一個人進去吃飯也不會有負擔。

讀書的小確幸？狗屁！

昨日我靜心思考，是否該為自己做個投資呢？

嗯……好歹我也曾經是個文學少女（大學讀德國文學系，甚至畢業論文是以德語詩人萊納．瑪利亞．里爾克〔Rainer Maria Rilke〕的詩集為主題），不如先從我的精神糧食開始投資？就從以前被工作耽擱的小說開始下手，細細品嘗吧！

我霸氣地打開之前去西雅圖出差買回來的星巴克一號店咖啡豆，泡了一壺咖啡，空氣中飄散出咖啡香氣，手機APP幫我選了優美的古典樂，我拉上雙層門簾擋住外頭的白天，打開U字型黃色小燈台，翻開了一本書，封面上畫了一對中世紀穿著的男女。小酌一口咖啡，翻閱幾頁後，補充咖啡又再翻了幾頁。

直到第一章結束前，我還是記不住男女主角的名字，前面的劇情看了又忘（到底這個女人是這個男人的前女友？還是妹妹？），只好快速翻回前頭重讀一遍。不知不覺，我嘆了一口氣，全身筋疲力盡。

明明我的眼睛看著書，但頭腦卻在想著別的事：現在是讀這些小說人物的時候嗎？這時間大家都在上班呢……我是否該讀一些能和上班族比拚的生產性書籍才對？像是計畫未來賺大錢的一人創業策略？或近期流行的中文學習教材？又或者，國家全力支持的四次元產業入門書？還是，對成為旅行暢銷作家有幫助的寫作要領技巧書？

說好下半輩子不再為工作而活，但我這個人滿腦子想的都是工作。其實，讀書對我而言，它只不過是工作的利器，用來解決工作上的問題。

打開我從公司一起帶回來的兩箱書，裡面全是和工作有關的書籍，都是一些幫助自我成長的書，反而看不見輕鬆的戀愛小說或詩集。這麼看來，在工作上打拚江山的這段期間，我那顆控制感性情緒的左腦跟曬魚場裡的魷魚一樣，被晾乾了。

讀書的小確幸？狗屁！太讓人傷感了！一直以來，我竟過得如此無趣，心寒啊！

偶爾也會在意想不到的
地方獲得愉悅或安慰。
真令人沉醉～
這世界真有趣
不良正太與宅宅姐
1
Beer

TIP

如何將小事變大事，日本漫畫系列《不良正太與宅宅姐》描述宅宅真實的惡趣生活。我透過漫畫讓思維變得更純粹，發揮非凡的集中力重新設置過去充斥著工作的大腦。

動手術的前夜，一個人度過

「怎麼可以那麼不關心自己的身體？都幾歲的人了……」

躺在雙人病房裡，昏昏欲睡地看著天黑的窗外，聽到一位產婦和醫生之間的對話。同樣身為女人，醫生說的話真無情。

一週前，剛好手在鼓脹的小腹上摸到了硬塊，本以為是自己太常躲在角落書寫畫圖，造成便秘現象。結果大姨媽來的那天，身體下方血崩，這是我出生以來第一次到婦產科掛號。醫生說我得了子宮肌瘤，由於肌瘤過大，唯一的解決方法是開刀切除它。醫生說完該說的話後，即快速地打好我的診療紀錄。

除家裡的老么外，我沒跟其他家人說我要開刀的消息。只不過是會在小腹上多了一根手指大小的疤痕，而且醫生也說它不是個特別嚴重困難的手術，所以我自己一個人承受得起。想起醫生一針見血的話：都到了這個年紀還不懂得照顧自己的身體，我開始深深地自我反省……

每次醫生總愛在說完病況後，多補幾句來攻擊病人，跟你說一些無法挽回的手術後副作用，以及簡單一句話：「最糟的情況就是它有可能再長出來。」病房早已熄燈，但我仍睡不著覺。打開頭上的小白燈，翻開書本，明明刻意選了一本輕鬆愉快的散文，但依舊讀不進去。此時，護士走進病房拿走我的書：「睡不著還是要睡……睡得好，手術才會順利，所以不要擔心，好好睡一覺吧！」聽了護士這番話，我不得已只好閉上眼，默默流下眼淚。

這淚是為我自己而流，我真心對自己感到抱歉，竟然從沒好好照顧自己的身體，讓拳頭般的子宮長了一顆大瘤，還抱怨自己小腹變胖了。我將這份罪惡感藏進消毒味很重的枕頭底下，祈求此生不會再有這樣的夜晚，告訴自己快睡覺吧！

隔天被推往手術室的時候，被走廊天花板吊掛的白色燈光掃過的那一刻，我感到極其恐懼。但很神奇的，我很快就昏厥過去，直到有人喊叫我的名字。眼睛慢慢睜開後，手術後的傷口跟著痛了起來，以上就是我對手術的感想。

六天後，我出院了，依舊是一個人，辦理住院費分三期繳款後，走到了百貨公司地下美食街點了牛肉涮涮鍋。吃完出來後，在陽光普照的夏天，等紅綠燈的同時，我靜靜仰望天空，白雲朵朵開。不過六天的時間，心情像是一年半載沒踏出門外看見世界的感覺。

女人必去的地方，婦產科。

TIP

女人們無法選擇自己該不該去看婦產科，因為女人都該去婦產科，一年至少要去兩次，這樣才不會愧對身為女人的自己。

全忘光吧！

「全忘光吧！」這是我離職前聽過最多次的一句話。正式離開公司的那天，大家都對我說：「對！忘了這裡的一切，重新開始吧！」

但，我該忘記哪些事？

老實說，沒有人能夠擁有一個完美的離職。一直到整理辦公桌的前一天，我每天都還過得心驚膽跳，造成長期的痛苦，心裡明明有數百個離職的理由，我卻選擇沉默。現在想想，有一次公司為了犒賞辛苦的我，放我一週假期，休假期間，我的電話仍響個不停。同事們紛紛打給我，不是因為擔心我，而是好奇我休假的理由，各種傳言與揣測四起，如：有人說我被其他公司挖角獲得超級待遇，還有人說我被派遣支援海外公司，甚至，還不知道男朋友在哪的我竟然被傳出要跟男朋友結婚！我就像空氣，煙消雲散，只留下這些傳聞與揣測。這段期間我付出所有的心血與熱情，拚命守護的企畫項目，瞬間就是別人的了。即使假裝聽不見、看不見，這些傳言仍猶如不速之客，在那天闖了進來，動搖我的心。

「時間久了，一切會過去」——我遵照著這不變的法則，將這些事埋在心底，但這顆曾經被遺忘的種子竟冒芽刺傷我了。那瞬間，即使我想裝作自己後知後覺，但心仍會被揪住，不斷打嗝，呼吸困難，導致日夜失眠。這時，我才領悟到自己比想像中脆弱，為了守住這個秘密，我不曾對任何人說過，應該是說，它是我永遠不願說出的事。

因此，我決定不去忘了它，而是記住它，一個一個好好地記得。記憶中，我幫那個曾經手忙腳亂的我按下「停止」鍵，並環抱當時發抖的肩膀，靜靜地安慰我自己。我對自己說：我已經盡力了，事情會變這樣不是我的錯。無論是向某人進行的抱怨或悔不當初的牢騷，現在都不關我的事了。

所以我無須努力忘記，而是留下一點不舒服和苦澀的記憶。在記憶中，我期待著跨越令人痛苦的江河，走上治癒之路的那一天，無論被強求做了哪些事，發生哪些不愉快的事，我決定這樣放任自己。雖然偶爾會覺得這樣束手無策的自己真讓人鬱悶、心灰意冷，但我依舊選擇忍耐，看淡這一切。因為在尚未熟悉這些變化中的日常與自己之前，我無法開啟新的計畫；況且，這樣對過去或現在的自己都好，我需要一段充分的時間平復心情。

這不是我的錯啊！唉～
該發生的就是會發生啊～

TIP

我試著寫日記給過去的自己，對自己誠實講述當時的故事，以及對自己說：「唉～該發生的就是會發生啊」，然後打起精神來，闔上日記本。

厭倦努力生活

一群年過四十又沒有什麼一群年過四十又沒有什麼特別話題的單身女子們聚集在一起聊天，猶如綠茶的滋味，平凡無奇。我們閒聊的話題既不令人反感，但也不刺激，連個感嘆詞都沒有。

曾在大企業混得不錯的後輩辭掉工作，獨自在延南洞開了一間紐約風格的小酒吧，我拖了一年才和公司同事一起登門拜訪。後輩臉上的神情略顯悲壯，無形之中，和我們產生了距離感，我們只好靜靜聽他傾訴近況與計畫。「這麼好的職場，你應該要再待一下啊！」也許這句話他已經聽了不下十遍，但我們還是說了。他笑著睜大眼睛，斬釘截鐵地說：「職場生活過得差不多了，現在我想賺錢，賺很多很多的錢。」表明自己明確的目標與計畫。他說話時，我們都頻頻點頭表示贊同。能夠向他人說出自己的目標，無論是什麼，這都是努力過生活的象徵與決心，十分令人敬佩。

喝了幾杯紅酒，醉意逐漸襲來，我和同事決定搭公車回家。明明是傍晚時刻，那天公車上的乘客卻特別少，偶爾有嘈雜聲與音樂飄過，我們選擇坐在最後一排，兩人都不發一語。大概是聽完後輩的故事後，耿耿於懷。因為我們知道現在的生活越來越不容易，人類的平均壽命又不斷被延長，我們應該像他一樣擁有人生的第二計畫。

但老實說，我們早已厭倦，不想再設立一個新目標並且努力向新目標邁進。因為我們不再對新的挑戰有所期待，更討厭重新經歷那段努力的過程。我呢，雖然看似正在挑戰新的人生，其實我問了自己無數次，既然以前都已經這麼努力了，現在是否可以稍微偷懶一點，活得更像自己一點？

我要坐到公車終點站，所以看著兩位比我先下車的女子，我對她們露出燦爛的微笑，希望這份笑容能夠給予她們安慰與支持。「無須過度擔憂，或匆忙想要達成什麼目標，因為我們已充分努力生活過了。」

團結力量大，這才是下半輩子
最佳的人生第二計畫，不是嗎？

TIP

一個人太辛苦的話，兩三個人同心協力不就好了。很多人說的「人生第二計畫組合」，你擅長的事加上我擅長的事，搞不好會蹦出一個不同凡響的計畫。

我的專屬參考資料

作為一名廣告策劃者，找靈感的最佳方法就是收集參考資料，包括一段影片、一行文句、一張照片或一首歌曲。從概念到產出，新創意皆由他人既有的想法產生。平常一有空，我會收集各種參考資料放入專屬的檔案夾，培養自己的靈感。小說家村上春樹曾說過：「寫小說恰似把自己的抽屜打開，拿出藏在裡頭的經驗和故事。」

從新進人員時期開始，我一直很認真收集資料，雖然是因為自己懂得太少，想多讀一點書，而誤打誤撞變成一種習慣、執著，以及屬於我的競爭力。當我升為組長後，每次有新企畫時，我都會先翻開插滿書籤的參考書和筆記，挑選適合這次企畫的參考資料。緊緊掌握這幾本書和筆記，一邊整理頭緒，企畫案大致可以完成七八成。可是，如果那天未能找到滿意或適合的資料，我的心情就會非常焦躁。

自從我離開公司後，過去日積月累的參考資料立馬成了一團廢紙，原本它們可是我的靈感來源啊。檔案夾也被我丟進垃圾桶刪除了。沒了參考資料，我的日子過得越來越不安。天天點開線上書店的官網首頁，看看上面介紹的新刊，尋找一些比我早脫離工作崗位的前輩們寫的書籍，並試著追隨他們的腳步，但越看越發現，他們的經驗無法歸納成我自己的參考資料。

離開公司後，我的生活標準更明確了。我的人生主角是「我」，這樣就夠了。

無須背負深厚的哲學，未能領悟出自我成長之道也無妨，我只需收集適合自己的參考資料、找到屬於自己的方法，讓曾經掉入工作深淵的我，現在可以愉快地享受生活；曾被壓抑的心情能輕鬆哼唱歌曲；像個散漫的孩子一樣到處遊玩、發揮好奇心，這樣就夠了。

去哪裡喝咖啡會更享受？去哪裡散步心情會加倍快樂？下了一整天的雨，聽哪首歌好？沉醉在好心情裡，想為友人朗讀哪一首詩？這些都是能讓我聽見日常生活裡窸窸窣窣、微小卻有益的參考資料。

收集參考資料，幫它們建立新的檔案夾，目的不是為了減輕我內心的憂慮，而是喚起芝麻般微小簡單的幸福與快樂。有了它們，我知道自己現在無所事事的平淡生活是如此地愉悅及美麗。在真心體悟之前，只要有這些參考資料，便可為我帶來幸福快樂。

有了自己專屬的參考資料，
人生不無聊了。

TIP

試圖寫下自己的人生清單，無論是美食店、咖啡廳、電影或書籍都好。不管他人的意見，追尋自己的感情和想法，製作一份百分之百屬於自己的清單，勇敢創造享受自我的一天。

第二階段

重新感受的日常生活

新生活指南：喚醒另一個自我

下定決心不讓自己困在單一目標裡，
無論什麼事情都以輕鬆的心態去游刃有餘地完成。

忙碌讓你難做人

我父親罹患帕金森氏症已有二十年。邁入三十歲前，我毅然辭職到美國留學，當時父親用他壯碩的身體與滿臉自信的表情將我擁入懷中，目送我出國。

兩年後的某一天，母親捎信來，信上寫著父親退休了，結束他的海關人員生涯。卸任的那天，父親在台上的背影看起來有些淒涼，他的人生少了工作，一切變得空虛。讀完信後，我試著想像在深夜開著小黃燈獨自寫信的母親，以及站在台上接受眾人掌聲的父親。

隔年春天，我重回韓國就業。倍增的工作量，讓我每天忙得暈頭轉向，沒能主動打電話回家問候一聲，過節放假的最後一天，好不容易回家露個臉，卻以勞累為由，吃完母親準備的飯菜就回房睡了。面對如此不孝的女兒，家人們不甚滿意，臉上透露出「你回來如果是這種模樣，乾脆別回來了」的表情。但唯獨父親，他從不對我抱怨、擺臉色。父親沉默地用眼神告訴我：「我知道你很累，一個人在職場上打拚不容易！」

奶奶過世的那天，我也是最後一個接到父親的通知，因為他擔心我才剛進公司不久，若是擅自離開崗位，容易被他人說閒話。可是我對父親，仍總是以忙碌為由忽略了他，不曾主動好好關心他。當姐姐跟我說父親得了帕金森氏症，行動不便，母親很擔心父親的病情時，這些話我卻左耳進右耳出，甚至認為這不是我的事，應該由住同一個屋簷下的他們負責。我每天費盡心力過好自己的生活，努力靠自己的力量，這已是我作為子女最大的孝心。況且，我對父親的病情其實並不以為意，因為我相信向來非常自律且內心強大的父親必能克服病魔。

沒想到，隨著時間的流逝，父親的病情沒有好轉，只能維持不繼續惡化的狀態。直到辭職後，我才正視父親的病情。有人說：「忙碌讓你難做人。」過去這段時間，我沒盡到一點做女兒的本分，反而是一味期望家人們能夠諒解、包容我。

如今，不只過年過節，父母的生日、春分、秋分，或是聖誕節等節慶，我都會想盡辦法用各種理由回家。當我回到家時，立刻抱住像孩子般開心迎接我的父親，彌補自己過去的不孝，以及對父親的虧欠。傍晚的客廳裡，父親用迷茫的眼神看著電視，微微張開嘴巴，連續小聲地驚嘆：「啊哈！」他是在感謝今天又能跟孩子們一起生活，覺得很幸福吧！雖然遲了一些，但我很慶幸仍有機會可以經常與父親見面。

家庭般的公司，家人般的同事⋯⋯
到頭來，公司終究是公司；
同事依舊是同事。

TIP

再怎麼重視公司主管與同事，至少也要分四分之一的時間來照顧家人。因為當你離開公司以後，同事就是毫不相干的人，而你剩的只有家人。請大家務必謹記在心。

僅過三個月

成為無業遊民已經過三個月，時間這傢伙，無論我是否認真做事，又或是什麼事都不做，它都不會管你，自顧自的往前走。

離職的第一個月，那些仍留在公司的朋友們一有空就會來我家拜訪。當時，他們舉杯激昂憤慨地對我說：「真羨慕你這麼有勇氣！人生就是要這樣過啊！」到了下個月，他們變成煽動：「看你要出國長期旅遊，談一場轟轟烈烈的戀愛，或是進修深造，把過去不能做的事情（雖然大部分是他們自己想做的事情），趁機都試過一遍吧！」但是我只想慢慢適應現在生活的變化，光是學習如何脫離被人催促、追趕的現實生活，就夠我忙了。

如今，過了三個月。一個陽光普照的上午，他們約我到公司門口，收起笑容，用冷淡低沉的聲音對我說：「是不是該想想以後要做什麼了？下半生該怎麼過？」每個人都很擔心我的未來，甚至極力勸我回公司上班。才離職三個月，但差不多是他們可以容忍一個人不工作的時間，就這麼短。我雖然搖手表示無意回去，但內心確實動搖了。奇怪，那一刻我感受到他們是強者、勝者；而我是一個弱者、敗者。

看了最近買的幾本書，每個作者都強調「活在當下」，而我也正努力朝這個目標邁進，但是身邊「擔心明日」的朋友們都不肯幫我。他們對我的擔憂，其實是指責我是一個「無所事事的人」，那樣的憂心反而喚起我內心潛在的罪惡感，而我卻拿不出任何關於自己下半輩子的計畫。站在他們面前，我一點也不厲害，與他們相比，甚至矮了一截。

其實，他們只是想給自己繼續留在公司上班的動力。許多人認為不上班等同於「沒有明日」，在離職前，我也曾經因為「明日」，懇切地渴望抓牢那時的工作，負起自我人生之責。

但細想後，過了二十四小時，「明日」不也是「當下」嗎？週而復始，我們期待與幻想的明日，不就是另一個「當下」嗎？打從一開始，就沒有所謂的「明日」。

當下的二十四小時，我們只需要想著自己要做什麼、可以做什麼，這樣的生活比想著未知的明日而忽略眼前的生活來得好吧？雖然我很想理直氣壯地大聲對他們這樣說，但我卻沒能做到，因為與他們散會之後我才頓悟了這番道理。這個也算是瀟灑離開的人對自己自私的承諾吧！現在，我依然像秋風吹拂的樹枝一般，搖搖晃晃，在明日和當下之間徘徊。

朋友，謝啦～
之前做的夠多了。

TIP

我不會獨自與那些把一生奉獻給公司的朋友見面，因為和他們聊天的話題從頭到尾都圍繞在公司和工作之間。只要看到他們把全世界的工作都攬在身上的模樣，我的頭腦反而會更混亂，因此，我取消關注那些朋友的社群帳號。

比工作更重要的日子

我還是新進員工時，接連幾個月拚命努力加班，當時的一切像是有人在操控著，所有事都變得很奇怪。我日日夜夜絞盡腦汁寫文案，搞得筋疲力盡，只求廣告商別踩到我們身為人類的極限，希望盡早定案。

入社後，第一次沒有加班到凌晨，我立馬收拾東西離開辦公室。下班路上，我繞到社區超市買了一罐啤酒，想像著自己回到家後，洗個熱水澡，再到陽台，讓夜晚徐徐吹來的風吹拂一頭濕髮，配一口涼爽的啤酒。一到家，我走進玄關，廚房、臥室一片漆黑，室內散發著熟悉的香水味，一股安心感湧上心頭，我把手伸到牆壁打開電燈開關，咦？燈沒亮，停電了嗎？可是窗外還閃爍著一絲絲燈光啊！開開關關了好幾次，最後只好打開洗手間的電燈照亮屋子，終於發現問題所在。

自從搬到這，我好像從沒換過玄關上的燈泡。將近凌晨一點，到哪去買燈泡呢？即便買了，我也不會換啊！我沒換衣服，直接躺在地上，兩腿伸直，開了一罐啤酒，此時此刻，心裡真不是滋味。我在外頭工作很能幹，卻處理不好家中的生活大小事，灌了一大口啤酒下肚，我又再次對自己感到失望了。

可笑的是，那天之後我卻在漆黑的屋子裡苟且偷生地過了一個禮拜，因為電燈壞掉的隔天，我立刻又進入第二回合的加班地獄，所以只好買些蠟燭回家點燃照明。問了管理員叔叔，他說附近有水電行，可以請店家直接派人到府更換。但問題是晚上九點下班，水電行早已關門，因此，我只能繼續過著這樣的生活。

到了下個月，無聊又耗時的馬拉松會議終於告了一段落，我走出會議室，到組長面前，鼓起勇氣向他請示今天能否早點回家。組長兩眼睜大，驚訝地問：「發生什麼事了？」我躊躇一會兒，回答：「玄關燈壞了，九點下班回家，水電行早已關門，我自己又沒換過，家裡黑漆漆的很可怕……」組長笑了笑，大聲對組員說：「大家！今天無條件讓新員工早點回家，她有比工作更重要的事要做，聽到了嗎？」

他說的話看似玩笑，卻是事實。人一生中有很多事情比工作更重要，尤其是我獨自居住久了，在家不得不一個人解決的事情越來越多。除了更換玄關的燈，還有維修鬧脾氣的電器和筆電、找出斷網的原因、修理搖晃的桌椅、修補缺角的家具，或清洗毛毯和棉被等大型洗衣物……有人幫忙做當然好，但一個人住，這些事只能靠自己，不如自己一個一個點滿技能，而且點滿技能之後，還滿有成就感的唷！

在那一刻，真心覺得就算有
十個男友，我也不羨慕。

TIP

對機器白痴而言，大半夜筆電當機或網路斷網是最頭痛的事。打給二十四小時客服中心，不懂就慢慢地問，他們都會很親切、有耐心地教你。

人生裡有多少個好日子

下雨後的隔天早晨，天空宛如少女紅潤的臉頰，粉嫩粉嫩的，我想趁晶瑩剔透的臉頰還未被烏雲遮蔽前出去走走。因此，雖然避開上班時間比較好，我仍趕緊穿上帽T和牛仔褲出門。

早上九點後的早晨意外地優閒自在。剛開一個月左右的咖啡廳，裡面充滿青春的笑聲與咖啡清香，人們的臉上如春天花開，生氣蓬勃。微笑滿分的工讀生轉開熱水壺，誠心誠意地泡好一杯咖啡，遞上給我：「祝有美好的一天。」

我突然想著，人生裡有多少個好日子？目前為止，我的人生裡又有多少天是好日子？

回頭一看，所謂的好日子應該只能說是「不糟糕的」日子，如：失誤少的日子、計畫順利進行的日子、比昨天少點失望的日子、稱讚比責罵多一點的日子、下班時腳步輕盈的日子、生活一團糟裡出現一線生機的日子，或亂七八糟的大腦獲得平靜的日子……

比起自己，我更在乎他人；被他人呼之即來揮之即去的日子，絕對不會是一個完美的好日子。不是為我好，而是為了他人好的日子裡，沒有「我自己」。現在我希望能為自己製造更多的好日子，但老實說，什麼樣的日子是為我自己好？我喜歡的日子又是什麼？

首先，別想著「該」做些什麼，而是想「要」做些什麼，不去管什麼理由或結果，做個不懂事的孩子，對自己耍賴吧！跟自己說：「我要做這個！不管，我就是要做這個！」一邊做一邊等待著迎接新的一天，也許那天就是自己的好日子。

因為喜歡風，只是因為喜歡……
所以花葉飄落，我騎著腳踏車。

TIP

當個不懂事的孩子，臨時興起就去做想做的事情；保有一顆單純的好奇心，只要符合社會倫理範圍，就盡情地去做吧！自己喜歡就好。

卸妝

為何能如此不一樣？明明都遺傳了父母的基因，我和姐姐的外貌天差地別，站在鏡子前看來看去，我找不到一個相似之處，證明我們是血緣深厚的親姐妹。我覺得委屈不是沒有理由的，五官標緻的姐姐是個大美人，與她相比我顯得特別不起眼，也許整形還可能有機會聽到他人稱讚我漂亮。

因此，上大學後，我努力化妝遮掩自己對外貌的自卑。因為想要畫畫，所以考進了美術大學。但如同朋友開的玩笑，美術大學的課程不教大家如何畫校園，只教你如何畫人像，所以我試了各種化妝法只為了改變自己的外貌。高中那三年，我都在偷看美術天才姐姐化的妝，甚至不知道為什麼，我身邊很多朋友也都是化妝達人。

下班之前，我絕不以素顏示人，即使是和閨蜜見面，我一樣會上了底妝再出門。但離職後，不化妝的日子反而變多了，我厭倦了過去持續二十年的

「外出妝」。像是解開束腹，有種暢快感，不想再穿回去了。

週末午後，我決定要去百貨公司買一瓶特價紅酒，卻在鏡子前煩惱了許久。看著自己的臉龐，剛起床的浮腫還未全消，眼睛看起來特別小，泛紅的臉頰竟長了黑斑。手拿起粉底又放下，心想反正戴上眼鏡，應該遮得住吧！週六下午在百貨公司遇到熟人的機率，大概就跟與記憶模糊的國小初戀偶然重逢的機率一樣低。而且卸掉「一抹再抹」的全妝，有誰認得出我？一定認不出來的！最後我隨意塗個防曬乳，就出門了。

走進百貨公司地下超市，我衝向紅酒區，翻找箱子裡的紅酒，這時有一位剛結完帳的男子，他用那雙圓圓的大眼睛看著我並對我燦笑。我推了鼻梁上的鏡框，仔細看清楚這位走向我的男子，原來是在我離職前才來沒幾個月的企畫組代理，他是怎麼認出素顏的我呢？他最自豪的就是自己獨特的宏亮聲音，如果他大聲和我打招呼，我鐵定很尷尬。但還好，他只伸出手表示「好巧啊！」，可是我不敢和他對到眼，只跟他身旁的女友簡單打個招呼，假裝還有人在等我，拿著紅酒，急急忙忙結帳離開了。

回到家沖完澡，吹乾頭髮的時候，我突然有了一個想法：過去我大費周章地化妝，但其實素顏和全妝並沒有想像中差得那麼多，所以他才如此輕易地認出我，是吧？他臉上的表情不像是驚恐，而是開心，確信「這張臉就是那張臉」。對！反正也沒有差，以後就痛快地卸下妝，用真實的面貌生活吧！還能省下買化妝品的錢，不是一舉兩得嗎？

雖然已到素顏見人很丟臉的年紀……
但我的素顏應該還過得去。

TIP

化妝不為別人，只為滿足自己，所以自我滿足就行了，拿出自信以素顏生活吧！

完成某件事

我決定不再過著為了挖一口井水而拚命工作的生活，我要去嘗試做其他事，希望做著做著，能找到最像我自己的生活。

過去我為了工作，忽略了太多的事情，這些事情雖然不是什麼大事，可是現在我就只想多關心一點這些芝麻小事，一件一件來，並一件一件地完成。無論是什麼，不須在意結果，只須完成它。

不必有負擔地「挑戰」，我純粹希望藉由完成這些小事的經驗，練就自己獨有的膽量和隨時可用的技能。一早起床，直到睡覺前，一整天平凡的時間裡我可以不用在意他人，依自己的速度享受自己喜歡的事情，貼近真正的人生。

不設目標，輕鬆看待。人活著不只有一種身分（如：誰的女兒、妻子或媽媽），所以人生若只期盼成功，那就太可惜了，因為成功不是能取得或找到的東西，等待時機成熟，它自然會來找你。

畫上「不知不覺」的驚嘆號，每次「不經意」開始的事情，「不知不覺」做到了，我為此感到很驕傲。不去想做什麼偉大的事，反而可以獲得更偉大的結果。這些事情並非給自己的一連串試煉，無須擔心碰到困難，喜歡做這些事情最重要。而且若能在一天即將結束之際，想著「今天也是不錯的一天」，帶著心滿意足的表情進入夢鄉，那就夠了。

才能非天生，而是被發掘。

TIP

咖啡師、詩人、美甲師、廚師、電影評論家……只要有興趣，通通都嘗試一遍。即使看不見成果，我們還是可以去做看看，如：泡一杯咖啡、寫一首詩、指甲剪得美美的、煮一鍋加了豆芽菜的泡麵、寫一篇人生電影心得……做這些事鐵定不難，試了之後，搞不好還能發掘自己的才能。

關於興趣

年輕時聯誼，大家都會問：「你的興趣是什麼？」我最常回答：「嗯……也沒什麼興趣，就看電影、聽音樂和閱讀書籍……這些囉！」那時的我只顧著在工作上衝刺，沒有什麼特別的興趣，頂多閒暇之餘做運動之類的。老實說，那時我其實不清楚興趣的定義是什麼，興趣一定是要學些什麼嗎？或者，一定要覺得有趣嗎？

非專業但享受；
能感受並領會到美好事物的力量；
引起興致，心之所嚮的方向。

上述為字典上對於「興趣」的定義，想要享受、感受，以及領會一件事，我們需要有時間有空閒，可是生活如此緊湊，興趣猶如一個畫中月餅，看得到吃不到。但是，興趣對於人生的重要性不亞於工作，它不用花費太多力氣，而且當我們暫時想與世界斷絕聯繫時，興趣會是一個很棒的避風港；它由自己的意志選擇，成為我們強大的後援軍，填滿我們一整天的時間。

因此，找尋自己的興趣比任何事情來得重要。再美味的食物，也要吃過了才知道。因此，我嘗試了各式各樣的興趣，刻意騰出時間做一些吸引我的目光且讓我關心的事情，身體會知道什麼是我想做的。找尋興趣的第一步，我建議從一個人就能完成的事開始。因為若是需要團體才能完成，容易編造藉口拖延。另外，請拋開對興趣的幻想，從身旁隨手可得的事做起，分清楚什麼是興趣？什麼是進修？可拓廣興趣的選擇範圍。所以，除了呼吸之外，只要我做得開心，任何一種行為都可以是我的興趣。

重要關鍵是「享受」這件事。以這觀點來看，打掃、洗澡、泡咖啡、聊天或散步等，這些事皆可成為興趣，每個人都能毫無負擔地擁有各式各樣的興趣，付出寶貴的時間栽培自己。擁有興趣，即使是一個人也不無聊了，它還可以讓愛胡思亂想的我保有一個毫無雜念的時光。下半輩子絕不背叛或離開我的，就是興趣。

興趣的另一個名稱是心靈治癒，也是獲得小確幸的最好方法。所以，你是不是該馬上去找尋自己的興趣呢？

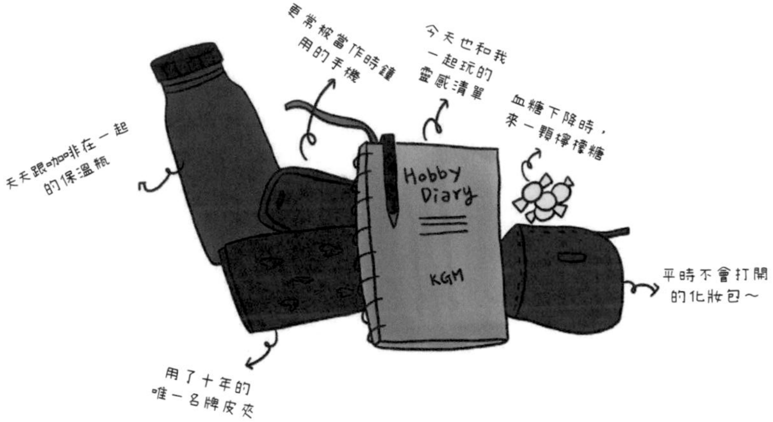

偶爾翻開背包，
可以看到上面這些東西！

TIP

做一本興趣手冊，每天寫下各種除了工作以外讓我快樂的事情。

餵飽自己

宅在家後，料理是我唯一的娛樂。剛開始，頂多是煮個泡麵或加熱即食飯，後來我開始試著做一些簡單的小菜。

一直以來，我為了餵飽自己而拚命工作，那時離開釜山老家北上一個人住，即使花時間做菜，最後也只有我一個人吃，覺得這樣浪費時間很沒意義，所以無視做菜這件事。對當時的我而言，做菜的目的是餵食他人，每次我看見電視劇主角連一個人吃飯都要大費周章地鋪上餐巾，備齊碗盤，感到太不真實了。

但不知從何時起，我厭倦了裝在大型便當盒的速食飯、一桶一桶的小菜，以及沾滿湯汁油漬的鍋子。總歸一句，自己的窮酸樣，像是窮困的乞丐一般，我不能再這樣對待自己了。

既然要吃，那就要讓自己吃好一點。雖然沒什麼做菜經驗，也沒有信心能做好，不過我依照多年來幫食品廣告寫文案的經驗，買了一本還不錯的料理書。架上雖有很多本電視常介紹的人氣料理書，但我選了一本在日本很有名的餐廳出的料理書《TANITA社員食堂人氣菜單》，書中主要使用基本的調味料和市場容易購買的食材，另外食譜菜單以健身餐居多，這點是最吸引我的地方。

每天先確認冰箱裡現有的食材，再找出書中適合的食譜，能夠立即製作的料理，便是今日菜單。我慢慢切菜，再拿出珍藏已久的鍋子，依照食譜步驟，一步一步完成料理（因為閨蜜喜歡收藏碗盤，偶爾會一起買一兩個鍋子，沒想到日積月累下來，竟也多到可以擺滿洗碗槽上的瀝水架）。首次挑戰蘆筍炒杏鮑菇，多虧加了芝麻油，充滿光澤看起來很美味；盛在天藍色碗裡的菠菜大醬湯，其姿態甚是優雅。拿出被埋藏在抽屜的全新餐桌巾，最後整齊擺放一雙刻有銀色葉子形狀的湯筷。這是我出生以來，第一次為自己擺上一桌像樣的飯菜，比起買昂貴衣服給自己，這一刻更令人動容。

曾經我以為一個人吃飯不能是一種回憶，吃飯不過是筷子喀拉喀拉發出聲響，吃著碗裡的東西，填飽肚子的空虛罷了。如今，我的想法不同了，如果我能享受料理的過程並吃得欣慰，那也是一種專屬自己的回憶。想不到餵飽自己，竟是這麼快樂幸福。

今天也要給辛苦的自己
一頓美味的料理！

TIP

買一本可簡單跟著做的料理書，翻開書本，根據心情選擇當日菜單。晚上還可以把音樂聲轉大，喝杯紅酒或啤酒，一邊做菜，這樣也很棒，有種幸福快樂的感覺。

一句溫暖的話

日子變得沉默許多，好想聽別人對我說一句像是「辛苦了」、「今天你也做得很棒」、「謝謝，真想請你一頓好吃的」等等溫暖的話。

從某天開始，我會對自己說一些溫暖的話，可能是對自己的提問、安慰或告白，我將過去對世界的寬待，毫不保留地獻給自己。養成習慣隨口說句溫暖的話，這些話不僅是心靈的強壯肌肉，保護著隨時會被悔恨與不安攻擊的自己，還是可以給他人最溫暖的擁抱。

雖然我大部分的生活能不受任何干擾，度過一個完完全全屬於自己的一天。但偶爾亦會碰到不速之客，像是聽到原本表現不怎樣的同期同事的升遷消息、朋友炫耀地說在江南買了四十坪公寓的近況，現在的我沒什麼能宣揚自己，反而格外顯得不幸。此時此刻，不得不承認我們是以職位級別或所得資產為標準，去評價一個中年人的人生成績。

當這種內心受到刺激的時候，也加劇了大腦與心臟的痛苦，不知不覺就會開啟一扇後悔之窗。但每次要被後悔壓垮時，我非常清楚只要對自己說一句溫暖的話，就會讓我產生力量，有力氣去關上那扇窗。我明白這個突如其來的悔恨與不安，不是因為我想挽回什麼，它只不過是一瞬間的情緒，所以不如好好為自己目前為止的人生打上高分，開懷一笑。

被他人左右的人生是最令人傷心與痛苦的，這樣的人生讓你自認為這個世界一點也不順我的心。但絕非是世界不順你心，只不過是你和世界不一樣罷了。想要隨心所欲的生活，也許不順心是必然的，即使如此，當你無法掌控自己被動搖的心時，就必須因應處境對自己說一些溫暖的話，此時動搖的心便彷彿只是風吹草動，什麼事也沒發生。所以，內心偶爾被世界鼓譟了，也沒有什麼。

過去我太吝嗇於稱讚自己了……

TIP

自我稱讚與加油打氣的話別藏在心中，大聲說出來，
讓耳朵清楚聽見吧！

抬起頭哭

大家都喜歡的人氣動畫電影《麵包超人》主題曲裡有一段歌詞：「傷心難過時，勇敢抬起頭哭。」令我看了莫名心酸，也引發我的好奇心：一個開朗的超人發生了什麼事？

原作是位五十四歲、大器晚成的漫畫家，經歷戰爭後，克服了無法想像的生活逆境，最後實現了夢想。聽說這是作家本人親自寫的歌詞，無論發生什麼事都不要放棄，好好活下去，也是作家對自己的安慰，更是想傳遞給大家的訊息。經歷過飢餓的戰爭時期，作家畫《麵包超人》的理念是想表達：「所謂的正義是樂於分享日常糧食。」《麵包超人》現身飛向天空，幫助弱勢飢餓的人們，他雖然有點怪裡怪氣，但顯示出作家過著怎樣的生活。

現在我想把這段歌詞獻給正覺得生活辛苦、不知該如何活下去的人們，抬起頭哭吧！不要隱藏和忍耐，生活別過得太用力，好好過得像自己吧！人生不會暫停，我們只能一點一點地解開這個線團般的生活，這個唯一的任務便是我們活著的理由。如果我們能跟《麵包超人》一樣，隨時開心地分享自己的東西給他人，這才是最帥氣的人生。因此，我要對自己更好一點，買好吃的食物給自己，帶自己去景色優美的地方，穿上漂亮的衣服，必須像對待愛人般，對自己好才行。我現在正在認真實踐當中。

偶然之中，再次看到《麵包超人》動畫，我有了許多想法。真要說的話，其實大部分漫畫主角們的生活一點也不平凡，透過《麵包超人》，你是否從小就得知生活並不簡單呢？

即使孤單、傷心，
也要像Candy 一樣，開懷地笑！
笑吧！Candy[1] 啊～
傻子才會哭～

TIP

腦海裡有許多雜音、生活悶悶不樂的時候，可以回去翻閱小時候最喜歡的漫畫、電影或繪本，它將會為你帶來非凡的樂趣及小小的領悟，你會默默被那份純真給治癒了。

1 韓國人氣卡通《Candy Candy》（中譯《小甜甜》）的女主角，個性樂觀、開朗。

第三階段

再次調整的日常生活

新生活指南：喚醒另一個自我

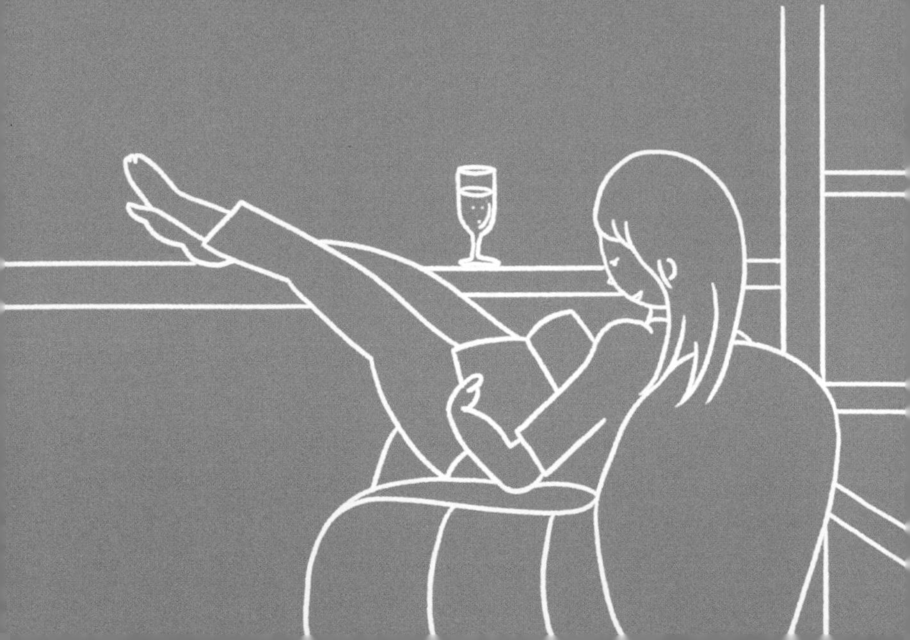

也許會動搖，但別忘了，
是我自己決定過這樣的生活。

沒想到你是這樣生活

離開第一間公司，在其他公司兜兜轉轉了好幾年，一位好久不見的前輩L，見面後對我說的第一句話竟然是：「沒想到你是這樣生活！」

離開了日久生情的光化門，我搬到新築的窩。回家的路上，需要經過一段很長的地鐵電扶梯，這時我與前輩對到眼，她依舊頂著那顆圓瓢形狀的短髮，還有一雙充滿好奇心的眼睛。我剛進那家公司時，她已經是一位有四年經歷的資深廣告文案企畫，我們大概一起工作了三年。我搭著向上的電扶梯；她則是向下，就像以前的我們，彼此意見總是分歧。對到眼的那瞬間，我們的心情參雜著高興、尷尬和驚訝，前輩對我揮手示意，要我下去找她。

前輩的大兒子上大學了，還是個首爾大學學生，她講了這幾年發生的事情，並將餘光瞄向我身上穿的寬鬆連身裙，笑著說最近從其他朋友那裡聽到我的近況，「聽說你辭職後，改行畫畫、寫文章了？天啊！沒想到你是這樣生活，以前你對工作的熱忱非常了不起，我還以為你會一直做這份工作到死為止……」她劈哩啪拉說了一堆，但我心平氣和地尷尬一笑，用冷淡的聲音回應：「是啊！我也沒想到自己會過著這樣的生活。」

不到十分鐘的寒暄，就已經讓我頭暈腦脹了。她無心的一句「沒想到你是這樣生活！」不斷在我耳邊環繞。從以前並肩作戰的夥伴口中說出來的這句話，似乎在嘲弄我。

離開緊湊的生活後，變得容易就為一點小事動搖：難道我現在的生活這麼悲慘嗎？

我靜靜閉上眼，深深嘆了一口氣。是因為挫折或失望嗎？不是的，是為了安撫決定這樣生活的自己。沉緬過去，留下的只有後悔；執著未來，帶來的只有擔憂，也許我會動搖，但別忘了，是我自己決定過這樣的生活。他人記憶中的我早已消逝，而我現在的生活就是如此。

那個時候，我們會變得親近……
大概都是因為工作吧！

TIP

若偶然與非必要不會見面的人相遇，在他們詢問之前，我會先簡短說出自己的近況，並問候他們的生活，完成一段完美無缺、愉快的談話。

因爲你不屬於任何地方

手機收到一封銀行傳來的簡訊，通知我的貸款帳戶簽約期限已滿，如需延期，要重新繳交基本資料。

還在公司時，一位比我機靈百倍的後輩勸告我：因為不知道未來是否需要一大筆錢，離職前一定要去申請一個貸款帳戶。所以我到某家薪轉銀行辦理，行員評估我的信用等級和年薪後，借貸了一筆高額度低利率的資金給我。

辭職後，我並沒有特別需要用錢的地方，那筆錢就這樣乖乖待在戶頭裡。直到我決定要去東京留學，正想到可以用到這筆錢時，銀行剛好傳來消息；雖然我的退休金足以還債，也有其他的存款，但銀行面對現在不屬於任何一家公司的我實在無情，毫不猶豫地要我還回那筆貸款。那筆錢本來就不屬於我，但我還清貸款後，仍有一種虛脫感，有種莫名被迫還債的心情。這個社會以最現實又致命的方法——「金錢」，評斷不屬於任何一家公司的我，真不是滋味。今天的日圓匯率又無情地上漲，大概是我的八字裡沒有財運吧！

日正當頭的午後，我垂頭喪氣、搖搖晃晃地走在街道上，突然噗嗤一笑，這算什麼啊……任何規勸和威脅都不曾動搖過的決心，因為這點事就瞬間瓦解？又不是沒錢用，不過是還款期限到了，我再度對這樣的自己心寒。

這些金錢上的擔心與不安，隨時都可能成為障礙物。畢竟身為一個自由工作者，老本總有一天會被啃完，偶爾還是必須接案維持生計，因此，金錢問題遲早都是一項必須跨越的障礙。以前每個月從月薪中自動扣款的四大保險，現在要自己去繳納，所得稅也要自己處理。

四大保險中，負擔最大的是醫療保險，每個月要繳一筆不小的保險金額，這時真希望保險公司能看在我過去按時繳款的份上幫我降低繳費金額，但這只是我的妄想。幸好，我還能以低收入的名義調整醫療保險額度，填好申請資料後，遞交給面無表情的職員，並懇切地拜託他一定要讓我通過申請。雖然我知道是多此一舉，但還是希望多少能夠幫到無力的自己，反正自尊又不能當飯吃，要它幹嘛？

走出公司的框架，我是該去了解這些原本應該知道的事情，不能再嫌煩或覺得做這些事太卑微。我告訴自己：以前我在公司工作，繳了這麼多稅金幫助那些弱勢家庭，現在只不過是把這些繳出去的稅金要回來而已。為了生存，必然要向現實看齊。

原來公司也有幫我做事情！

TIP

知識是力量。積極向國稅局的公務員提問與尋求對策，反而有機會減輕稅金。而且千萬別放過任何我們繳稅得來的福利，應保持關注，自己照顧好自己。

不得不的心情

「加油！」不知從何時起，比我早幾年離開公司的前輩J每次與我通完電話時，都會對我說這句話。

剛開始不以為意，但聽久了，某一刻突然覺得：「為什麼一直要我加油？我現在過得很好啊……」可能是我的自卑心作祟，前輩確實沒有其他意思，只不過想給全職家庭主婦的自己和生活無礙的我一個勇敢活下去的支持。但是，這股自卑心也同樣顯露在朋友的聚會之中。

一位大學同學在美國讀完研究所回來後，就在金融集團擔任會計師，他說好不容易來首爾過暑假，找了幾位熟識的大學同學聚一聚。我們從大學時期就是非常要好的知己，他也是最懂我和支持我的人，問題是因為我總是沒出席大學同學會，其他同學很好奇我的近況，他們會怎麼評斷我現在的生活呢？我該說：「我啊……所以……」講些過去的豐功偉業為自己現在的樣子辯解嗎？

說實話，不赴約就不用想這些事，但這樣豈不是要永遠與這些記得我的朋友隔絕？所以，不如讓我帶著「不得不的心情」，下定決心面對自己，不想再躲在房間角落度過我的下半輩子。

八月初，夏日的傍晚，天氣依舊溼熱，我們約在仁寺洞的傳統韓式居酒屋，裡面是吵雜的人群聲，店內播放著金光石的悲淒情歌，我從門縫中看見已步入中年的大學同學們。拍拍身上的黑色過膝連身裙，我小心翼翼地走進店裡。大學時期，我也一直是這群朋友裡最晚出現的那個。

同學們一一介紹自己在哪家公司服務並遞上名片，我卻沒有主動拿出名片報告近況，他們也不敢多問。直到幾杯酒下肚後，我才下定決心，以「不得不的心情」提高聲調告訴他們：「我啊……打算下輩子不再上班工作了，賺人薪水的工作一點都不有趣，也沒有回報。」他們似乎早就知道了，拚命點頭，還向我舉杯，大讚我能勇敢去做他們想做卻不敢做的事。今天的主角、也是我最好的朋友豎起大拇指說：「是啊！現在你就去做自己想做的事情，活得帥氣一點！這頓我們請客。」

因為這份「不得不」的心情，我度過了一個非常暖心的夜晚。現在的我也能笑著回應前輩：「好的，姐姐。我會加油！」

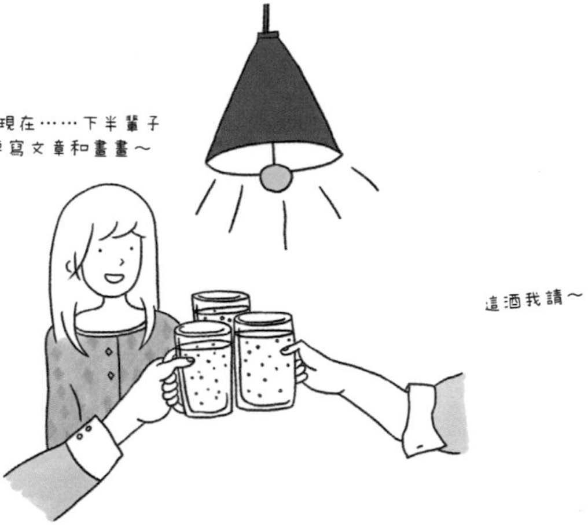

果然只有人可以幫人加油打氣！

TIP

別猶豫，大膽參加公司的聚會或大學同學會，理直氣壯地說出自己的第二人生計畫，欣然接受好友們請你的這頓大餐。

是時候該正視自己的身體

搭地鐵赴約時，我站在月台閘門前，透過玻璃反射，依稀看見自己的身材。即使挺胸，肩膀還是有點微微下垂，像隻脖子伸出來的烏龜，後背歪斜呈現長弓狀。

脫離公司、辦公桌以及壓力，我的身體依舊大不如前，是該做點運動了。我選了瑜伽，看著鏡子裡老師的動作，加上老師的講解，一步一步跟著做，做不到的動作跳過也罷，反正這堂課的本質是盡力去做，趁機仔細觀察自己的身體，以及不斷對自己的身體發問：為什麼這個部位會痠痛？為什麼那個部位想動卻動不了？令我緊張的原因是？一週上三次瑜伽課程，在課堂上我對自己從前漠視的身體不斷發問，並且從疼痛中得到答案，根據這些答案，慢慢讓自己的身體動起來，改變以往的生活習慣。

一位日本中年作家說：人年紀越大，越需要多觀察自己的身體，一天至少要站在鏡子前一次，好好檢視身體各個部位，不要害怕一直在變化的身體，用關愛的眼神珍惜自己的身體。然而，某一刻起，我越來越不敢看自己的身體，年紀漸長，肚子凸起腰圍變大，實在無法照鏡子看自己的模樣，因為再怎麼樣也不會比年輕的時候漂亮了！我寧願逃避、騙自己，所以當不得已要正視的時候，心情特別不悅。

但的確該面對了！即使我想逃避，身體卻時時刻刻發出悲鳴，讓我不得不去正視它。即使我今天也做得不好，搖搖晃晃的，但至少我有輕輕拍拍它，以及對它說：對不起，我愛你。

TIP

一定要找到適合自己的運動，不用勉強，但要抱著迫切的心。年紀漸長，越不動的話，離身體動不了的那天越近，別再事不關己了。

你還寶刀未老

想閱讀的書單慢慢見底，每天的咖啡香氣勾起的古典旋律，漸漸苦澀，突然很想來場旅遊，克服這段突如其來的無聊感。

這時，過去充滿威嚴的同組次長前輩打電話給我，突然發現自己沒有存取他的電話號碼，雖然有點驚訝，但我還是冷靜地接起電話。前輩在大型廣告公司待了一陣子，後來自己出來創立公司，好不容易透過認識的廣告商接到一個大案子，為了完成這項案子，他正在招募自由工作者一同協力，正巧聽到我的消息，便邀請我參與本次企畫。原本快要淹沒到下巴的「無聊」，一下子變成「麻煩」，但我仍未拒絕他，猶豫了一會兒，我答應了。

走過林道般狹窄的巷子，看見一棟新蓋的大樓，前輩的辦公室就蓋在頂樓，裡面只有幾張圓桌，他遞上一杯即溶咖啡，聊聊電話中沒能講的近況，最後拿出企畫案快速開完會。前輩說對我很不好意思，因為這是我成為自由工作者後接到的第一個案子，他卻無法給我豐厚的酬勞。因此，他想請我吃一頓晚餐，表示歉意，我便答應簡單地喝一杯。

我們來到附近的居酒屋，夏末的陽光依舊熾熱，不過我們仍選了一個戶外座位。喝了幾杯，我開始沒頭沒腦地說了一堆有關這次企畫案的想法。適量的酒精開啟我的大腦運作，像是塵封已久的抽屜櫃被解除封印，修道士結束了他的沉默修行，我的嘴巴未曾停過。前輩睜大眼睛看著我，表示我講得很好，我如刺蝟豎起緊繃的神經被安撫。他說：「不錯嘛……你還寶刀未老！」瞬間一口乾下了啤酒。

是啊！我……原本早已死在這圈子裡了。在不到一萬人打滾的圈子裡，我的名字早已消失，數十次的送別會就是我的葬禮，以為會就這樣死去，不料前輩給我了一線生機。

帶著前輩對我的鼓勵和稱讚，以及幾分醉意回家。如前輩所言：「我還寶刀未老」，為了坐實這句話，這次企畫我也會「適當」地盡力而為，代價是買一些有用的書籍糧食，反正時機一到，便可死而復生。

大喊自由宣言！
現在才要開始真正的專業生活。

TIP

大聲自我宣告成為自由工作者，親自設計自己的名片，然後到了前同事們的聚會或其他各類場合，大方拿出名片，這樣多少可以證明自己離開公司後，依舊寶刀未老。

那時，我也很孤單

日本電影《黃色眼淚》[2]中有一句臺詞：「兩人就算在一起，一樣孤單。」女主角時江終於和單戀的男配角章一共度初夜後，她的背影卻看起來非常孤單。這讓我想起從前的我，在公司裡做著夢寐以求的工作，仍舊非常孤單、空虛。

我的職場生活沒有特別的大問題，在公司內部的社團裡當社長，和後輩們一起加班熬夜、喝酒，甚至幫熟識的前輩們過生日。可是，每次發生大大小小的危機，都是我獨自咬牙撐過。我們之間漸漸地變得陌生、疏離，他們不再是我認識的他們，我信任的他們卻不信任我，這讓我感到非常孤單，甚至開始埋怨他們。所以我故意挑員工聚餐的日子請年假，或在下班時間前刻意安排外出工作；又或以工作為由，一整天待在會議室等等，想盡辦法孤立自己，彷彿一切都是自己的錯一樣，落入自虐的處境。孤獨是能讓人重新檢視自我的寶貴時刻，但那時的我卻是孤單地被關在冰冷的監獄，無法誠實地訴說內心想法。

生活少了工作之後，大部分的日子都是我一個人度過，再加上我選擇畫畫書寫，獨處的時間理所當然變得更多，也已經很熟悉了。可是有時候還是會很想和人分享故事，在社區附近的咖啡廳，聊一些稀鬆平常的話，但這時候打給上班族朋友，他們一定會說：「晚點打給你。」然後馬上掛電話。事後為了遵守道義，用訊息回覆：「沒什麼事吧？」這種時候我特別覺得「一個人」真悽涼。但其實不過是缺乏嘴上運動，所以如果覺得喉嚨發癢，等他們下班後再找人說嘴不就好了。

雖然孤獨和孤單不一樣，但某些時刻，它們帶來的情感卻是相同的；一個人的時間久了，孤獨變成孤單時，孤單亦成了孤獨。我現在仍活在孤獨與孤單的渾沌之中，只好在天色未晚之際，便喝起酒來，借酒澆愁愁更愁，閉上雙眼喃喃自語：「那時，我也很孤單。」

2 改編自有「青年漫畫教祖」之稱的已故漫畫家永島慎二的名作《年輕人們》，由犬童一心執導，人氣偶像團體「嵐」領銜主演的青春電影。

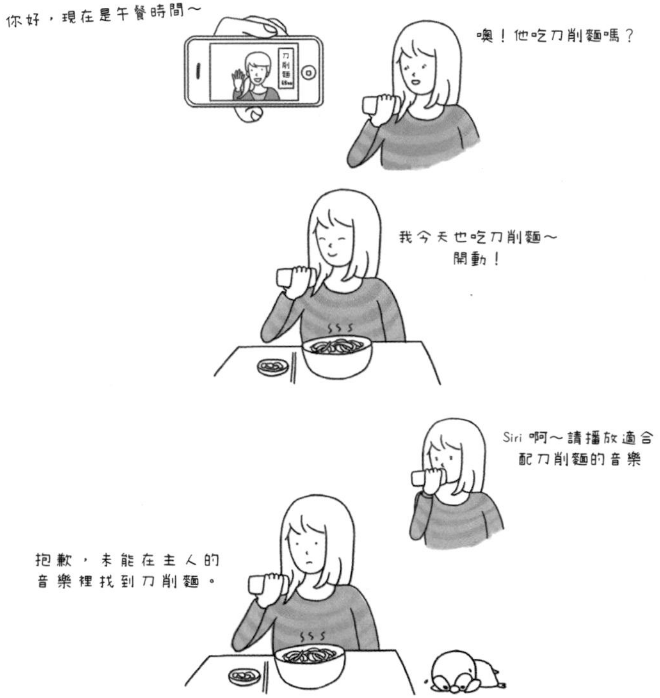

TIP

很想閒話家常的時候，可以找一個喜歡獨自吃飯的朋友，邊吃午餐邊通電話，聊聊各自的生活日常。如果還嫌不夠的話，試著跟和藹可親的 Siri 說話吧！它會很認真地回答你的問題。

星期一消失了

日本小說《不幹了！我開除了黑心公司》中出現了「海螺小姐症候群」[3]一詞。《海螺小姐》是一部週日晚上六點播映的人氣動畫，動畫播映結束後，代表時間已是晚上七點，也就是說週末時光即將過去，觀眾漸漸對星期一的到來產生恐懼，造就「海螺小姐症候群」的出現，這就跟韓國人看完韓國節目《搞笑演唱會》一樣，代表週末真的要結束了。

我和大家一樣，每到週日晚上心情就會變得憂鬱，跟著一連串的電視節目結束所剩不多的週末時光。辭職後，雖然週日沉重的負擔與恐懼減輕了，卻迎來一股未知的空虛。心空了一陣子後，再次被虛脫的笑聲填滿，這奇妙莫名的情感到底是什麼？像是大家都淪陷於星期一症候群，只有我沒有，所以產生了違和感吧！我像個小孩拿著遙控器亂轉，此時心中傳出聲音：既然你星期一不用上班，那週日夜晚也該有所改變了。

3 又稱「星期一症候群」。

一到週日晚上，我試著創造沒想過的優閒時光：到比較遠的大型超市買菜，用心為自己準備晚餐，吃完後清理得乾乾淨淨，再到附近公園隨意轉轉。但走到一半的時候，內心角落仍會喃喃自語：「你也該回家準備面對星期一了，對一個沒有明日的人而言，週日午後的優閒時光是一種奢侈。」

把耳邊的音樂聲調大，暫時停下腳步，抬頭看了一會黑色的天空，真是心曠神怡，好久沒有在週日夜晚靜靜看著天空了。我不經意地發出笑聲，旁邊的長輩們瞥了一眼，我輕輕地用眼神向他們示意問好；打給正面對星期一症候群的朋友們，非常討人厭地向他們描述我平靜的週日午後，經過一段閒聊後，心情變得好好。週一不用上班的最棒之處不就是這樣的週日午後嗎？

從那之後，每到週一我就會睡晚一點，起床後打開音樂，泡杯咖啡搭配閱讀；如果那天下了雨，我還會露出笑容，因為不用撐著雨傘人擠人地上班。不過，為什麼一定要從星期一開始？像我這樣自由奔放的人，也可以從星期三再開始，不是嗎？大家都在奔波忙碌的星期一、星期二，我卻過著週末般的時光。所以任何一種新的嘗試，都從換位思考開始！

週日夜晚真棒～

很棒吧！
週一請年假
的朋友

星期一要做什麼好？
這個嘛⋯⋯悠悠哉哉
洗個衣服或掃個地？

TIP

把週五想做的事情延到週日晚上做，不再是熱情的星期五，而是星期日了。星期一就定為洗衣或打掃的家政日。

拿到零用錢的日子

兩三個月收一次零用錢，金額像條橡皮筋，時多時少，但至少足以養活我自己。

離開公司沒幾年，以前的同期、後輩的位階都變了，他們升遷填補我的空位，甚至有人成為最年輕的代表理事。聽他們放鬆的口氣，反而讓我更確信自己別回公司。日子過得一成不變的他們擔心我的飯碗，到處幫我介紹工作，不過我都斷然拒絕了，並表示現在我要以自身名義做每件事。

寄創作企畫案給出版社，積極在部落格上傳累積多年的畫作，但出版社毫無音訊，而部落格則淪陷為只剩文字的日記本。過了幾個月後，我帶著煩悶的心情，暫時到朋友的公司找了一個容身之處。雖然每天要上班，但上班時間很自由，沒事做的工作日也可以不用去公司。重點是不用看老闆的臉色，他允許我在自己的房間工作。我的事業運雖然不錯，但撐了幾個月後，經歷一番掙扎，最後只做了一年。

終於正式開啟自由工作者之路，現在我是食物鏈中最底層的人。起初知道食物鏈最頂端的人是當初還很嫩的後輩時，我非常驚慌，以前很習慣對他們直呼名諱，現在一個一個都自動加上職稱，改用敬語，並觀察他們的反應，向他們說明工作狀況，彼此的處境有了一百八十度轉變。不過他們心腸還是很好，如往常般恭敬對待我這個前輩，更在門前擁抱我，太令人感動了。

我現在欣然接受當他們的乙方，協助他們工作以換取零用錢。放下責任後的工作，一切都變了，頭腦和身體變得靈活，更能拓展尋求方案的範圍。自由工作者的優點就是可以照自己的想法去做，並知道自己的用處，而且不只有老手能成為自由工作者，每個階段能做的事情皆不同。而且越是資淺，越能與夥伴們打成一片，所以只要願意，誰都能在專業領域成為自由工作者，從中獲得豐厚的薪水，確實比領月薪更有成就感。

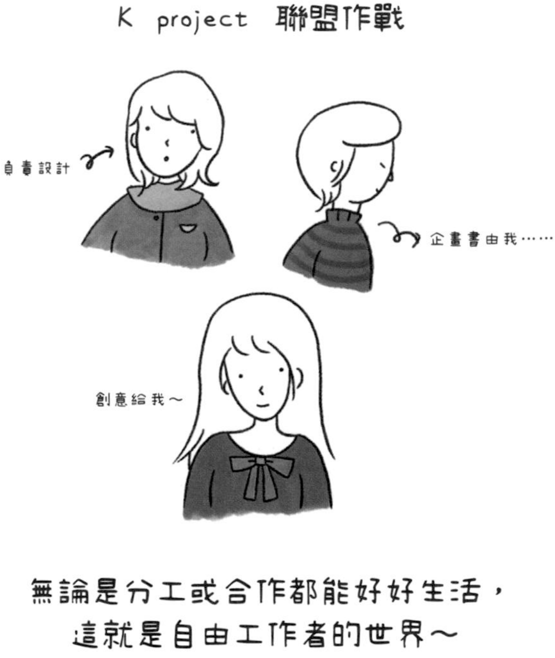
K project 聯盟作戰
負責設計
企畫書由我……
創意給我～
無論是分工或合作都能好好生活，
這就是自由工作者的世界～

TIP

大家都想和工作強者一起做事，這樣的人如果被他人重視，通往自由工作者之路將會非常順遂。而且自由工作者不代表一定要一個人工作，聚集相關領域工作者，各自負責某一項工作，反而會產生加乘效果，以及獲得意想不到的人脈與機會。

自由工作者的休假

身為自由工作者，我的休假宛如加了清涼薄冰的莎當妮[4]。就算未決定好日期、何時開始何時結束，只要到了不想做任何事的時候，我就準備去度假。

跟前同事們一起旅遊過幾次後，我發現自己與他們休假目的截然不同。他們一休假完，馬上就要回公司上班，而我不一樣，如果不想回家就再多待幾天也沒關係，反正沒有什麼特別需要趕回家做的事情。換句話說，我們對時間的緊迫感不同，他們希望在寶貴的休假時間內多玩一點，但我只想啜飲冰涼的莎當妮，一邊看著書，優閒地繞著社區遊走。

在那之後，我用各種含糊的理由搪塞，想要一個人休假。一開始雖然有想過去哪裡旅遊，但找飯店、訂機票實在太麻煩，加上我的個性優柔寡斷，決定不了目的地，買了一堆沒用的旅遊書，催促自己該出門旅遊反而成了壓力，於是最後選擇在房間度過休假時光。

4白葡萄品種，原產自法國勃艮第，有「葡萄皇后」之稱。

事前準備很簡單，先選一本自己想看的書，像是很想讀卻覺得一大早看會很有罪惡感的推理小說、爆笑的惡趣味漫畫，或是代替自己去旅行的旅遊散文。接著再到百貨公司的超市，跟面熟的紅酒經理人打個招呼，選一瓶價錢合適的推薦紅酒，當然我最愛的是莎當妮（如何選擇一瓶不踩雷的白酒，提供大家一個參考方法：決定預算與確認烘乾程度後，無條件選擇莎當妮，基本上就不容易踩雷）。最後再買一些搭配紅酒的起司和酥餅。

全部準備好之後，隔天我的休假正式開始，大概過個三天兩夜，再多就不是休假，而是懶散了。睡個懶覺起床後，洗完澡，簡單吃個早餐，再看看外面的天氣，如果太陽很大的話，就拉上窗簾；綿綿細雨的話，則點燃芳香蠟燭，穿上符合度假風格的輕飄飄棉褲和T恤，拿出冰箱的莎當妮，以最舒服的姿勢躺在沙發上，小酌一口，這時當然也不能少了音樂。

村上春樹曾說：「如果我們的語言是威士忌的話……」那我的語言絕對是莎當妮。為自己遞上酒杯，我喝了一口，書中的話語和我的莎當妮融合為一體，使我沉醉在幸福中，開啟一段自由工作者的完美休假。

休假不是用身體，而是要用心感受。

TIP

去飯店度假雖然好，但偶爾在家一個人度假也不錯，
用住宿費的四分之一即可吃喝玩樂。

不做需要硬做的事情

再次調整生活後，對我而言最大的改變是可以毫不猶豫地拒絕他人。雖然知道自由工作者拒絕工作後將無法保證還會有下一個工作，但我仍到處婉拒工作，拒絕的有兩種：怎麼做都做不好的事，和討厭做的事。換言之，若是需要硬做的事，我會立刻拒絕。

如果硬撐的話，「直覺」這傢伙會搖搖頭說：「非不得已，能不做就不做。」將你的熱情和工作欲望結成冰，告訴你光靠努力發光發熱的時代已經結束了。

就像人際關係一樣，偶然與許久不見的人重逢，不再像當初那麼開心；因意外而遠離的人，不會覺得可惜而拚命抓住，反正都是要離開的人，就讓他們走吧！

站在苦苦等待的「機會」面前，我不再不顧一切、橫衝直撞，而是以自我為中心思考，慢慢分析它到底是機會還是危機。有人說我年紀大了，變得凡事小心，不像以前一樣什麼都無所畏懼；也有人擔心我日子還很長，若持續這樣的狀態還能夠重新回歸社會嗎？

是啊！我確實比以前更謹慎小心，年輕時的堅定與膽量消失了，不過我領悟了一件事：生活越硬是要完美，過得越辛苦。人類都有弱點，也會失誤，我只是順應自然法則，如太陽東升西落，接受「自己不可能完美」的事實。早點發現，生活是不是就更輕鬆一點了？

因此，現在我不再想著要解決那些不是我的問題，而是更集中在我可以解決的問題上；況且，即使不走出世界，我也有足夠成熟的自信心與優閒可以獲得自我滿足。所以現在，我不想再因為那些勉強不來的事，錯過或放棄我的日常生活。

我的決定中，一定要有「我自己」。

TIP

決定不做是我的選擇，應當尊重。說是為了我好，真的是這樣嗎？不是為你自己好嗎？

第四階段

重新填滿的日常生活

新生活指南：喚醒另一個自我

攬了一堆事情到自己身上，如果不懂得放下，
則無法喚醒另一個自我。

喚醒另一個自我

當我毅然決定離開公司之後，我問自己：「很好，你說現在要去做自己想做的事情。那麼，你想做什麼？」身邊的朋友勸我去做自己擅長的事情，所以我不斷問自己：我最擅長的事情是什麼？答案只有一個，那就是我一直以來做的工作……頓時，胸口像是被堵住了。

打開如同分身的筆記本，裡面記下了各種觸動心靈的佳句、留言般的日記和隨筆雜文。翻了幾頁，我的目光停留在幾行鮮豔的紫色原子筆字跡上：「來畫畫吧！只要能寫文章和畫畫，什麼事情都做得到。」旁邊還粗略畫了一個托著下巴沉思的女人。是啊！從國小開始，我就喜歡畫畫，曾經獲得全國師生賽的特獎。雖然音樂大學出身的媽媽不讓我去美術補習班，反拉著我的手進了鋼琴補習班，但她仍未澆熄我對畫畫的熱情。國中時，我進了美術班。在班上，一年四季都會畫當季花壇上的花；高中時，我跟著全校最厲害的美術老師學習，一起舉辦了展覽。當時還是個高中生的我，自己存下零用錢買了材質很好的寫生簿。在睡不著的夜晚，一個人躲在棉被裡畫畫。

那天，我立刻去書局買了幾本插畫的書和寫生簿。久違地打開寫生簿，拿出之前到歐洲出差看到外盒很美的色鉛筆。攤開二十四色的色鉛筆，發出一道彩虹般的光芒，那道光映照進我的內心——過去以工作為重心而變得漆黑的小宇宙。它喚醒了另一個我。可是，少女時期的夢想能為我的下半輩子負責嗎？

仔細想想，原來過去的我沉溺在一種迷思裡：人生必須達成那些眾所皆知的人生目標或成功指標。所以，剛離職的時候，我一直認為未來想做的事情應該要比現在做的事情更有模有樣，要過比現在更像樣的生活。

結果換了舞臺，問題還是存在，攬了一堆事情到自己身上。如果你不懂得放下，則無法喚醒另一個自我。在你做自己想做的事情之前，你必須要先有勇氣不去做不想做的事情。內心雖然會有點憤怒、有虛榮心、有對贏的執著，但所謂的「勇氣」就是應該堂堂正正地拋下它們。我的紅髮安妮，喚醒遺忘的自我，畫圖寫文章的生活也很好。所以，我這樣告訴自己：只要比過去更快樂、笑容變多，那就足夠了。

在這世上有很多種喜歡……
那是一件很棒的事情吧？

TIP

試著回想一下，有哪些事情是不受到他人指使，是你自己找到的？以及，好好想一下你做那些事的時候，過程如何？心情如何？如果你在做這件事時，心情是很好、很愉快的，它就是能喚醒你的「自我」的那件事。

蛋包飯之味

「為什麼是東京？」一個午餐兼送別的聚會上，坐在旁邊的前輩突然這麼問我。而我開玩笑地回道：「嗯……因為蛋包飯。我想去東京，聞聞巷口散發出來的蛋包飯味道。」聽完我的回答，前輩噗嗤一聲笑了。他心裡大概是在想：「胡扯！這人腦袋確實有問題……」

其實，東京對我而言，一點魅力都沒有。以前我還是公司代理的時候，曾與廣告商出差到東京參加食品展。明明是一座大城市，英文卻不通，街上還有許多身穿奇裝異服的金髮少年們不知在發什麼傳單，而且不管去哪都要排隊，這就是我對東京的印象，根本不會讓我想再去一次。但我卻選了東京，作為最後一次的留學機會，這是為什麼？

首先當然是因為學習畫畫，東京有許多有名的設計專業學校，只需要兩年即能畢業歸國；再來，因為日劇《午餐女王》每天都逗得我笑開懷，劇中女主角夏美曾在狹巷裡的餐廳吃了一盤蛋包飯，並說了一句經典臺詞：「一個人如果做什麼都不順，也沒有可以打電話或見面的朋友訴苦，甚至沒有一個可以容身的地方，大多會感到寂寞孤獨。可是，這家店總會飄散出甜甜的香味，是蛋包飯的味道，是我以前常吃的蛋包飯味道……甜甜的，既溫暖又幸福，讓我有繼續活下去的動力。」這段話形容的正是我現在的處境啊！我大聲痛哭，不知道重覆播放了這個片段多少次。

那瞬間，我試著想像東京的某個巷子裡，有一間餐廳正在等著我，然後我背著畫具走到店家門前，停下腳步聞著裡面散發出的蛋包飯味道，然後追隨《午餐女王》女主角的腳步，享受著美味幸福的蛋包飯滋味，這更堅定了我去東京留學的想法。

幾個月後，我終於來到東京了。最炎熱的八月，東京天氣如蒸籠般悶熱，跟三溫暖沒兩樣，而且我抵達的第一天便下起暴雨，接連好幾天下不停。看著這樣的雨勢，想回去又不能回去的心情反覆交雜，好不容易下定決心竟又輕易地後悔了。然而，雖然後悔了幾十次，但終於讓我吃到朝思暮想的巷子蛋包飯，果真如電視劇的女主角所說，非常幸福。

離開職場之後，我成了一隻迷途羔羊，所以賦予自己另一個學生身分，開啟一段可能會再次徬徨的時光。為了下半輩子的人生，我一定要重新做些什麼。有一天，我在等地鐵回家時，看著東京明亮的藍天，雖然有點淒涼，但內心非常平靜，東京就像是偶然在巷子口找到的幸運，慢慢向我靠近。

留學生活……
不只有溫暖美好的回憶～

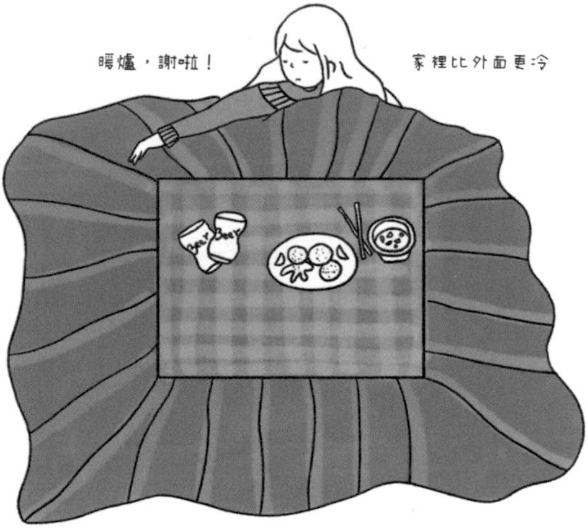

TIP

下定決心留學的話，雖然學校的選擇很重要，但房子畢竟是要住好幾年的地方，必須慎選，絕對不要（像我一樣）被電視劇給騙了！

語言的庭園

我身在高考末代，一升上高三，最先放棄的就是漢字，那時的我心裡想著何必為五道題目浪費時間呢？隨便猜應該也能中一題吧！大學畢業後，英文因為是必要的廣告專業術語，還算堪用，但漢字只會偶爾在報紙上看到而已。那麼無視漢字的我，現在卻要學習從漢字衍生而來的日文。

一開始我小看了語言，打算一次挑戰三種語言（韓文、英文、日文），而且學了日文之後，我慢慢對日本電影和電視劇感到興趣，發現很多日文發音與韓文相似，這點讓我更加確信自己一定能夠輕鬆學好日文。就在決定辭職後，我到江南站附近的日文補習班上了兩個月的課程，包含平假名、片假名和簡單的基礎會話，一點也不難，反而覺得有趣。累積了信心，自認為沒有問題後，我立刻報名了留學辦事處介紹的東京學校，準備出發留學去。

日文比我們從小在學校學的英文簡單多了。同樣是在亞洲文化圈的國家，跟西方的英文相比，日文對韓國人來說更容易學習，就像歐洲人學英文比我們來得快。不過在學日文的過程中，有兩點最為困難：一、聽和寫不同；二、英文要改成日文寫法（例如：麥當勞的日文寫法和讀音是：「マクドナルド（makudo-narudo）」）。以前花了大筆錢到美國語言中心矯正的「道地發音」如今皆要捨棄，那也只能告訴自己這不是英文，而是日文的一部分。日文文法沒有想像中的困難複雜，好好聽課，一定能跟上學習的腳步。

還有一個問題是「說話」，想要和內向的日本人說話真不是普通難，因此，我每週會到社區中心開設的韓日文化交流會，結交一些日本朋友。他們都是喜愛韓國並對韓文很有興趣的朋友，每個人都很認真問我韓文問題，也很用心幫我矯正不自然的日文語法，自然而然地，我更敢開口說日文，聽力也變好了。大概過了十個月，我在地鐵裡可以聽懂女高中生們的閒聊內容（連沒有語言天分的我都可以辦得到），電視綜藝節目也大致聽得懂七八成。

而且在日本，若想進專業學校或一般大學，至少要背一千個漢字（高中畢業水準），我為了日語能力檢定準備了一年，像我這種對中文絲毫不懂的人都可以辦到，相信對中文稍微有概念的人，應該不是件難事。看來，年紀越大越容易挑戰的外語，非日文莫屬了？至少比現在的年輕韓國人懂的漢字更多一些？（我除外……）

而且連日本人都不太會寫日本漢字，大部分都以平假名替代標記，現在的智慧型手機也會很聰明地自動選字，所以沒有什麼太大的困難與問題。如果你能通過無趣又複雜的入門，此後便能以自己的方式在「日文」這座語言的庭園裡走得長遠。並且會發現，在這裡遇到的人們，和自己沒有什麼不同。

所謂語言，
就算不流利還是能溝通！

TIP

如果你喜歡日本動畫或電視劇，學日文會更簡單。你可以試著學習劇中的臺詞，直接使用在東京之旅，增添趣味；你會發現居然神奇地通用了！搞不好你就有更多的信心挑戰日文。

不貴重但珍貴的

有間很奇特的店，每到週五晚上就會流瀉出吉他聲，偶爾參雜一些笑聲，聽起來裡面應該是有什麼開心的事。

我住在東京中野的小社區，那裡有一條很長的巷道，狹窄的巷子裡有許多沒掛招牌的店家，每天經過這條巷子，我都特別好奇這些店家到底都賣些什麼？營業時間也不固定，根本無法知道它們到底是什麼店。

不過，某個週五夜晚，晚上十點左右，我拖著疲憊的身軀走進巷子。原本灰暗的店家，其中一間點亮了燈，門開了一半，門縫中傳出吉他聲，昏黃的燈光之下，三三兩兩的人群聚在一起喝著啤酒，享受著台上的演奏。店家前面放了一座陳舊的吊架，掛著大尺寸的老舊衣服，一個皮膚曬得很黑的女人坐在一旁抽著菸。那看起來像是倉庫的地方，原來是賣衣服的店，我越來越好奇，於是遠遠地偷看店裡面的狀況。

在店裡，每個人輪流彈吉他，有些人時不時會給予歡呼聲，有些人哼起歌唱，又有一些人跳起舞來，那一刻我大概知道他們是誰了，原來是這社區的藝術家們。他們整天在房裡工作到半夜才睡，直到日正當中起床。日常生活雖然不是很富裕，但對他們來說卻非常珍貴，貧窮卻幸福的他們現在聚集在這個地方，舉辦著屬於他們的派對。有個人發現了我，揮手示意要我進去，但我個性怕生，沒有走進去的勇氣。

脫離東京的繁華街道，這類的情景很常見。這群人知道如何找到適合自己的熟悉空間，以自己的方式享受生活，沒錢有沒錢的方式，適當的微醺，互相表露內心，開心地笑開懷，那些瞬間看起來真幸福。他們似乎有種魔法，能將不幸的環境變得幸福。

偶然在路上看到他們的作品，如：蠟筆、噴漆、塗鴉的春花藝術，或是用零碎木塊做成的害羞兔子玩偶，這是他們為了專屬秘密基地準備的禮物。他們明白一件事，那就是日子如風如雨，隨即隨過，而我也希望能夠像他們那樣生活，至少可以像他們一樣，擁有一個即使不富裕但彌足珍貴的日常生活。

慢悠悠～珍貴的寶物從自己手中誕生
的那瞬間，光用看的就很享受。

TIP

走在社區巷子裡，發現平時沒注意的小工坊或小商店，靜靜走進店裡逛一圈。裡面的店家老闆就是製作商品的主人，聽他們說說作品的故事，感受春天般的溫暖。

超喜歡的

留學東京時期，曾經有一項作業是畫出自己獨特的香氣，通常要畫出自己的想法已經不容易，又該怎麼用畫來表現出香氣呢？課堂上的學生們都面面相覷。老師說本次作業的目的是讓大家試著畫出香氣中的某種回憶或那天的氛圍，所以我想起小時候，某年五月的夜晚，一陣風吹來，金合歡花瓣飄落到我的頭上。

而我旁邊坐的是來自名古屋、十八歲的 Yuko，她特別喜歡西瓜，她每一個作品裡都會出現西瓜。入學後第一次上插畫課的時候，老師要我們畫出自己最喜歡的東西，Yuko 畫了一顆剖半的大西瓜，另外在西瓜旁邊畫上正在看漫畫的自己。從此，無論是什麼作業，Yuko 的西瓜總是在無意間搞怪出場，可見她對西瓜的喜愛。

我突然很好奇，這次的作業，Yuko 的西瓜會再次出場嗎？西瓜不是用香氣取勝的水果，而老師這次的主題是香氣，如果單畫西瓜應該不符合主題，必須表現出西瓜香氣的樣子，讓人一看立馬可以聯想到：「沒錯！這就是西瓜的香氣！」應該很有困難度。

然而，Yuko 再度展現出她驚人的創意，看到從她靈巧的腦袋誕生的畫作，我忍不住大笑，原以為這次她不能再讓西瓜登場，沒想到 Yuko 竟揮出漂亮的一擊。

四層公寓的頂樓上有一座陽台，一位身穿綠色連身裙的少女踮腳吃著紅色冰淇淋，觀賞遠處的煙火。少女嘴巴咀嚼的模樣和黑漆漆的天色，配上如西瓜籽般的煙火，煙火綻放的瞬間即是西瓜的香氣噴發，Yuko 這次利用冰淇淋和煙火表現出她最愛的西瓜。在畫中，Yuko 將自己最喜歡的事物，利用非凡的想像力，將她與西瓜之間的交流，融入於故事中。

離開公司後，雖然年紀已四十，但我為了自己喜歡的事物，來到東京，成為一名學生。可是我的畫作卻不如 Yuko 的純真，心中滿滿的渴望只是希望畫得更好，並非真心享受畫畫。

如果想要像畢卡索用孩子的視角看世界，必須花費很長的時間與努力，這樣的奇蹟就發生在 Yuko 身上，我們肩並肩坐在一起畫畫，互相欣賞畫作，那一瞬間，我真心希望自己能多少像 Yuko 一樣，保持純真。

若明日地球毀滅……
今天想做什麼？

嗯～
No book
No life
即使短暫……
PS. 對了！還有咖啡！

TIP

No（　）. No Life. 想想看，括號裡面你想放什麼字？想得到的話，你絕對比你想像的更喜歡那件事，只要有了它，你就能獲得幸福。

首次成為畫家的那天

「金小姐，你的作品終於賣出去了！」一間小型畫廊經營人Ｐ傳來一封簡訊。下課後正要走去搭地鐵的路上，我停下腳步，聽見自己撲通撲通的心跳聲，馬上打給Ｐ。

兩萬日圓，這是我的首筆畫作價格，扣除畫廊的手續費，大概剩一萬四千日圓。入學當天，某位教授說過：從你們的作品賣出的那刻起，就是一位畫家。我終於成為一名畫家了。

與自己相差甚遠的日本年輕人毫無任何共通點，每次下課休息時間，不僅無法加入他們的閒聊，他們聚集在一起玩電動發出的噪音更令我頭疼，但不懂事的他們在畫畫的時候卻非常肅靜。在學校裡，固然會有天才，其他實力相當的人就會聚集成為同一陣線，而我也是這個陣營的人。某次暑假前，我們交出最後一項作業後，突然有人提議一起租畫廊，舉辦畫展。此時，我笑著想：「有誰要來看我們這些業餘畫家的作品？」但（在他們的眼裡是）內心情感豐富的韓國大姐姐，我竟然點頭同意了。

曾經在電影《挪威的森林》出現過的銀座畫廊巷，最尾端有一座老舊的地下畫廊，我們租了一星期，期間各自準備自己的作品擺放，由每一位參與者輪流與畫廊經營人Ｐ一起顧展。我輪值的那天，運氣非常好，有一位美術雜誌記者進來看展，透過Ｐ的介紹得知，這位記者（年紀大概是五十歲出頭，裴勇俊的狂粉）興趣是收集業餘畫家的作品，偶爾會將不錯的作品放入雜誌介紹。我才與Ｐ見面不到幾小時，他已經清楚我的身分，並且非常積極地向記者介紹我的作品。記者不發一語，望著作品看了好幾分鐘，最後露出令人不解的笑容離去。Ｐ抓著我的雙手說記者的反應不算糟，而即使租約到了，如果我願意，他可以繼續展示我的作品，我當然是非常感謝。

過了一週後，那位記者再度來到畫廊，跟Ｐ說想買我的畫作。Ｐ冷靜地開了兩萬日圓的價錢，他非常爽快地付款，還說希望能看到我更多的畫

5日本作家村上春樹的小說，由陳英雄導演改編成同名電影。

作，便離開了。P用上氣不接下氣的語調向我轉告記者說的話，當時的我內心激動得說不出話來。從那之後，他們就成為我的作品固定支持者。

重新翻開拍下來的畫作照片，那些畫作仍稱不上是作品，但他們卻欣然接受這樣的畫作，支持我這個中年畫家志願生，我除了感謝還是只能感謝。明知道成為畫家不是一件那麼容易的事，但我仍一次又一次地下定決心，堅持走完這條艱辛之路。

還是很怕一片空白的紙，不過
翻開後總會畫出一點什麼。

TIP

雖然成為畫家不容易，但只要有想要、想寫和想做的事情，每一個人都可以成為畫家。拿出勇氣堅持不懈，你絕對可以的！

四十歲的東京就業挑戰記

MacBook 這個笨蛋！電視劇《深夜食堂》凌晨播放時分，我的右手不小心打翻了馬克杯，黃色果汁噴灑到 MacBook 的黑色鍵盤，我嚇得趕快拿毛巾擦乾，但果汁已滲透到鍵盤間，痲痺鍵盤的神經，螢幕瞬間變成黑頻。

這是畢業作品截止日前一週發生的慘案。驚慌失措的我，愣了一陣子，才想到自己還有備份檔案在外接硬碟裡，安心地鬆了口氣。隔天，我把筆電拿到銀座的一家 Apple Store 送修，經由工作人員診斷，它被判「無法修復」了。幸好插畫老師知道我的慘況後，非常爽快地借我最新型的 MacBook，並為我加油。老師的 MacBook 不僅速度快，裡面裝載的正版軟體程式更令人讚嘆。經過這番曲折，我的畢業作品終於誕生。我從同齡（四十歲）的授課老師手中拿到畢業證書，取得參加學校舉辦的畢業展資格，站在一年級的學弟妹面前講解我的畢業作品準備過程，接收了二十歲年輕人們羨慕的目光。

之後，就業輔導老師提供一張證書證明我的在校出席率、成績以及認證能力，協助我就業。其實我沒有想過要在東京就業，主要是我沒有信心能繼續待在東京生活，這裡的房子狹小悶熱，冬不暖夏不涼，太辛苦了。但班級老師和就業輔導老師都跟我說在東京就業是開啟新生活的機會，強力推薦我去試一試，於是我被說服寫下了履歷表。

就業輔導老師從履歷表到作品集，一項一項地幫我修改。由於日本企業的新進員工有年紀限制，老師看了我在韓國的工作經歷後，幫我選了一些可以從中階管理職位開始工作的中小企業，其中以廣告公司居多。但我堅決表示不想到了東京還是從事以前做過的工作，希望能到一家可以隨心所欲畫畫的公司上班。幾天後，我到一家遊戲公司面試，老闆年紀差不多三十幾歲，二話不說就拿出一些不明的角色圖給我看，要我試著賦予這些角色世界觀。雖然我很想問這些角色能有什麼世界觀，但我還是很認真回答：由於我不清楚畫這些角色的意圖及過程為何，所以無法回答此問題。他卸下了原本緊張的表情，似乎不再對我感到好奇，結束了這場面試。

他輕輕微笑說：「您的經歷和挑戰精神很棒，原以為可以管理我們公司那些不懂事的設計師們，但您果然只想畫自己想畫的圖。」最後我和他尷尬地握了手離開。走在雨後溼漉漉的街道上，我的腦海裡有個念頭一閃而過：對！我要回韓國，而且畫我自己的畫。

寫履歷比面試難。
因為要手寫漢字！

TIP

只要從日本專業學校畢業，都有在日本就業的資格。以中小企業居多的日本經濟社會，越積極投遞作品集，越容易就業成功，且如果有得獎的作品或兼具英文或中文等第二外語，將更有利。

那些無用之事

A畢業於名門大學繪畫系已有一年，卻沒能成功就業。今天A也拿著作品集到處去面試，面試官一臉沒興趣的樣子，該怎麼說呢？他面帶微笑，表情透露出：「如果來一個比你更好的人就好了……」A覺得很受挫，拖著疲憊身軀走進地鐵站，在地鐵車廂往窗外看向前方的江河，莫名被吸引，匆匆忙忙下了車。他踏著沉重的腳步來到河邊，在一片光禿禿的草地找了一處沒人的角落坐了下來，從包包拿出一瓶還能喝的常溫綠茶，大口灌進嘴裡。他垂頭喪氣地循著視線往下看，這時地上有一排螞蟻圍成一圈如米粒般大小的圓圈，牠們正在搬運一個比圓圈更大的餅乾屑，努力將碎屑包圍移動，一下子像死掉般不動，一下子又繼續向前走。他靜靜看著螞蟻們為了填飽肚子而拚命，直到眼睛痠了，抬起頭來才發現天色已漸暗，遠方渡船亮起燈，時間一瞬間就溜走了。

他今天又因為那些無用之事虛度一天，忍不住深深嘆口氣。突然他想，是啊！像那些螞蟻們不疾不徐，專心想一件事，為這件事而活就好了。所以，專心畫畫吧！跟著這些畫作慢慢走向世界吧！

上述的故事是某位在學校教插畫的「美術天才」過去的就業挑戰記。從那天之後，A 到處打工維生，並嘗試以各種方式畫畫，最後受到企業的認同，接受企業贊助就讀研究所。因此，現在他可以到各個專業學校，包含自己的母校授課。

他出了一項作業要我們以「無用」之事為主題進行創作，也在一開始上課時說出了這段自己的經驗談。人在世上活久了會發現我們不時能從那些無用之事中獲得勇氣，尋得意料之外的靈感。雖然這世上很多事情都是無用的，但若專心觀看它們，便能發現各式各樣的趣味，進而豐富自己的人生。況且，那些無用之事大多都是免費的。

某一個星期日午後，我和後輩一起做青橘醬的時候，突然想起這位老師的故事，那時候我心想這酸澀的青綠色橘子真的可以做成果醬嗎？不過，紐約藝術家都能拿垃圾袋畫畫昇華成一幅作品了，那麼，將無用變成有用，不正是人生非凡的發現與奧妙嗎？看看身邊的無用之物，發揮一點創意，搞不好將會成為一個奇蹟。

看著青椒畫了一小時了～
越看越覺得奇妙，越是著迷。

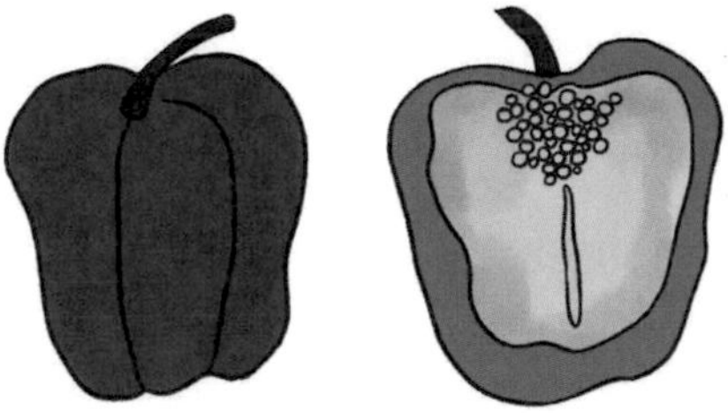

「觀察是與事物的對話。」

TIP

騰出充裕的時間觀察某一個物品，能看到不曾發現的各種事物，無論是天空、雲朵、花朵或風，皆有不同的特別感受。這時候拍一張照片或寫下文字、畫圖，就是一件專屬自己的作品，不是嗎？

最厲害的增運法

一位後輩 S 完成歐洲旅遊後，回韓國之前先到東京找我，送我塔羅牌當作禮物。我收到的當下，看著他說：「這什麼啊！」他說：「在倫敦的跳蚤市場偶然看到這副塔羅牌，馬上就想到姐姐，心想這個禮物超適合你的！」

他這麼說不是沒有理由的。我們都很喜歡算命，看看自己的事業運；從通靈到八字，我們會互相交換算命店的資訊，當作一種興趣。幾年前，在某家算命店，身穿象牙色韓服、典型中國美人外貌的年輕巫女對我說：「您的靈魂清澈透明，擁有非凡的預知能力，跟隨著自己的夢境或直覺，必然成真。」自從那刻起，前後輩們如果有曖昧不明的事情發生，都會先來問我該不該做，而且最後我出的主意每次都成功，所以有好一陣子，他們都稱我為「充滿神力的女人」。

回到韓國後，我買了幾本從人文學觀點寫的八字命理學書，這才知道八字命理沒那麼簡單。跟著作者一起解讀戲劇般的人生，實在很有趣，這些書也教我如何幫「超級倒楣」的自己增運。

書上說我的增運法是好好服侍長輩。老一輩的人若是知道自己即將離世的時候，他們第一個想起的是在人世間裡很感激的那些人，其中如果有我的話，就能為我增運（愛信不信隨你），例如一位即將臨終的老奶奶會為了孫子們禱告。善待長輩本是天經地義的事，現在開始把這件事當作習慣去做，就能為自己增加好運，何樂而不為？既是善事，又能增運，豈不是一舉兩得！

多虧奶奶的歡笑……
今天一整天非常幸福！

TIP

在路上碰到老人家拜託你幫忙，就是增運的最佳機會。
所以，欣然接受他們的請託，增加自己的運氣吧！

未曾看見的事物

一直以來，「空閒」總讓我感到不安，需要「忙到忘了」或「抱歉，我實在是太忙了」等等理由，才能安心過生活。

所以當我重回學生生活後，擁有大量的閒置時間令我發慌，而且我這個年紀，單純倚靠熱情、在一個誰都不認識我的地方學習，實在令人害怕。留學前我去補習班學日語，那時候每天為了填滿時間，我常在街道上徘徊，強迫自己應該做些什麼事，所以我走進書局、百貨公司、畫坊和文具店東張西望，逼自己找理由待在這裡。

現在想想，那些讓自己忙碌的理由並不是真的理由，而是我存在這裡的「目的」。一年後，我考進設計學校，閒置的時間少了一半，後來隨著課業增加，又少了一半，反而還要常常熬夜做作業。但這跟熬夜工作完全是不同的世界，攤開顏料畫畫，慢慢喝一杯咖啡，不知不覺就天亮了。

這樣過了兩年，我從設計學校畢業後，第一次在東京什麼也不做，發呆度過了一個月。我只是想給自己一個無罪惡感的真正休假，早上睜開眼看著窗外的天氣，穿上舒服的外出裝，到附近的咖啡廳買一杯咖啡，在社區悠悠轉一圈，打給愛睡懶覺的室友C：「今天天氣好，快出來一起到公園散步！」一直閒晃到陽光熾熱的中午時分。

百花盛開的四月天，陽光非常閃耀。雖然天天都經過這條路，但今天格外輕鬆自在，我緩緩走著，環顧四周，開始看見一些平常未注意到的事物，像是每一家門前都會擺放花盆，不知道名字的花朵綻放著。巷子裡充滿五彩繽紛的色彩，我在一朵小巧的粉紅色花前不由得停下腳步，這時，一位老奶奶從旁邊經過，笑著對我說：「很漂亮吧？這朵花平常在外面可是看不到的唷！」一股暖流湧上心頭，我對著奶奶微笑點頭。

平常忙碌時，我看不見自己擁有或想要擁有什麼，只是為了忙而忙，現在才領悟到其實不用督促自己去做什麼事。之後一定要好好分配時間，讓自己有更多時間好好觀看周圍的環境，用眼睛把它們刻印在心裡。

如果因為忙而做不了，
那一輩子都做不了。

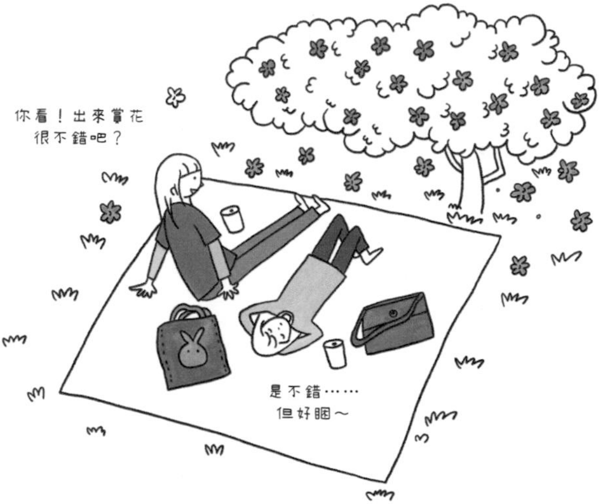

TIP

賞花、賞楓、春秋出遊，這些事情並非老人或小孩專屬，好好分配時間去享受吧！猶如尋寶一樣，發掘四季之美。

第五階段

新鮮享受的
日常生活

新生活指南：喚醒另一個自我

如同昨日般的今日，一點一滴累積成小希望，
懷抱著小希望過活，又是另一種希望。

緣分的盡頭

「所謂的緣分，不在開始，而是在一切結束之際，才能說出的詞彙。」

上述為電影《愛的空間》[6]的知名臺詞，對一個不懂事的孩子來說，遇到任何新事物只顧著興奮，根本無法理解電影中的這句話，因為那些令人心花怒放的愛情歌曲、詩詞、小說和電視劇不可能全都是騙人的。

但是我現在終於懂這句話的意思了，相較命運般的緣分，經歷過曲折仍繼續維持下去的緣分，才是真正的緣分。就像平壤冷麵，平淡的湯汁裡不加食用醋或芥末，依然可以品嘗出美味；也像是人生的猜謎，真正生活過才能知道答案。

離開公司、結束四年的留學生活，我終於回到韓國，還買了高階智慧型

6 韓國電影，由金正權執導，金荷娜及劉智泰主演。電影講述因為時空分隔了兩個年頭的男女主角，透過一部舊式無線電通話機互相交流的愛情故事。

手機，緊盯手機空蕩蕩的電話簿，每個月繳一點點的費用，好好守住我的電話號碼，不讓它變成其他人的。我不在韓國的這段時間，它獨自孤零零的。電信公司說只要拿著以前的舊手機過來，即可協助將聯絡人轉移到新手機裡，我愣了一會，最後跟他們說沒關係。我想好好重置那些未經歷曲折、撤除工作不再聯絡或突如其來的人際關係。

我的計畫是這樣的：在我到東京之後仍保持聯絡的好友們，我會先跟他們說我的電話號碼沒有變。另外有誰想知道我的近況或想念我的話，就告訴他們我的號碼沒換，接著等他們打電話來約見面，再欣然地存下他們的手機號碼。

但與我的期待相反，一個禮拜、甚至一個月過去了，除了那些擁有「緣分重置計畫」優先權的好友們之外，沒有其他人打給我，所以我變得有點敏感，更覺得傷心。

某天，APP幫我挑了最新流行歌曲，我邊聽邊在社區附近散步。散步到一半，我突然跑回家翻找抽屜，最後終於找到那支像巧克力的黑色手機，趕緊找充電器插上插座，坐下來開啟聯絡人名單後，卻沒有特別想打給誰。一切都結束了，就在此時此刻，我可以說出我們之間沒有緣分，就此分別了。我再度把手機和充電器整理好放進拉鍊袋，重新塞入抽屜深處。大概永遠不會再拿出來了吧！

也許我只是想在這些緣分之中，回憶過去的自己，雖然是我先決定要遺忘過去，劃清界線，到頭來其實是自己被遺忘了。所以我決定了，讓新手機裡面的聯絡人填滿我的下半輩子就夠了，別太貪心而暴飲暴食，一碗飯足以填飽肚子，細嚼慢嚥，即可品嘗其美味。

緣分四葉草，
謝謝你們，我愛你們。

TIP

有三位可以互相分享生活的朋友，人生足矣。四人旅行是最棒的組合，剛好又是容易分配的數字，不是嗎？團體旅行既累人，又還要努力、犧牲。

結婚，下個人生再說

大學時期，某個冬天下起流星雨，我和一起打拚了一學期的好夥伴們一同去校外教學。我們科系雖然是文科，但男生人數不比理科少，因此，我一入學便受到公主般的待遇，體貼的男同學們都很照顧我這個來到陌生首爾的女生，像個田螺姑娘[7]，默默幫助我。

開往江村的火車上，我們一路聊著天，各自拿出自己帶的零食與大家分享。因為我喜歡魷魚乾，當時自稱是我的黑騎士朋友用筷子撕了一大片烤魷魚給我，並問：「你們覺得我們這群人之中誰會最先結婚？要不要來投票一下？得票率最高的那個人，她結婚時，我們買一台冰箱送她，如何？」大家點頭說好，便拿出線圈筆記本撕了幾頁，分成四等份的小紙條，所有人各自寫下名字，對摺後放入他的棒球帽。投票結果竟然是我壓倒性獲勝，除了其

7出自《搜神後記》，比喻勤勞善良的人或默默貢獻的人。

中兩票，其他人都寫我的名字，我寫了一位很常參加聯誼的班代，所以代表只有一位沒有寫我的名字。我聳聳肩：「嗯？很難說，搞不好不是我！」

結果真的不是我。出社會後，曾經有個我最想和他結婚的男人，最後我們站在街道的中央，冷靜地分手了。之後雖然和幾位男生進行到第三壘，談了短暫的戀愛，但卻稱不上是男朋友。溫度一下子升高的內心，開始慢慢冷卻，這時就會無意間看到對方的缺點，甚至想著有這樣的時間不如拿來補眠。

有人問我：「不結婚嗎？」我撇嘴道：「可能時機未到吧！沒找到可以一起生活的夥伴。」過了一陣子，眼看就要千禧年了，有預言說：「今年還是單身的話，一輩子都要單身到死了」，立刻又有人來問我：「不結婚嗎？」我很不耐煩地回答他：「太忙了，沒空！」

到現在，仍有人不知好歹，對已是中年的我說：「不結婚嗎？」我深呼吸了一口氣後，微笑回應：「結婚，下個人生再說。」

從某一刻起，父母和親戚不再過問結婚話題，大概是最近有很多身邊的

「媽朋女[8]」完成人生大事後，發生了不少事件吧！

一位西班牙小說家曾經這麼說過，帶著一顆喜歡某個人的心，走著走著，突然停了下來，這時，你大概不再愛他了。對我來說，結婚也是如此，不是在交往期間不愛他，而是我們走到一半，停了下來。因此，我決定了！將結婚的念頭深深埋藏起來，做為下個人生的驚喜。

8 媽媽拿朋友的兒子（女兒）和自己做比較、責罵自己時常使用的詞彙。意指媽媽認為的或符合一般標準的子女典範，也會以此稱呼功課好、長相佳等條件好的人。

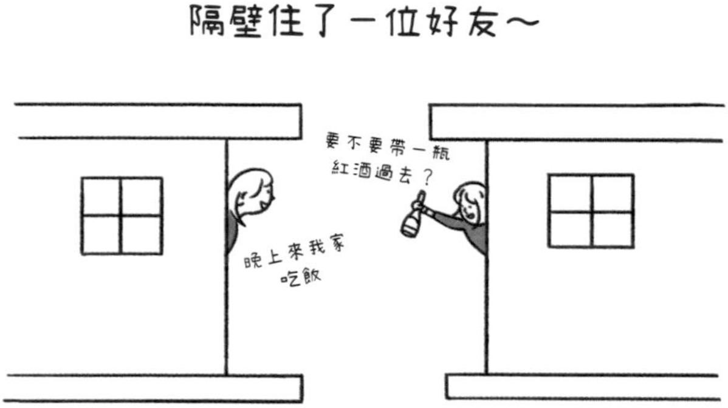

TIP

即使決定不結婚，仍需要陪你一起變老的朋友，最好能住在附近，彼此有個照應。大概需要兩三個這樣的朋友。

需要多少？

蹭飯比請客次數更多了。

這句話的意思是對方比我更會賺錢，或者是我比以前賺得更少了，兩種意思都對，他們的確比我會賺，我也賺得少。其中有人問我：「以前存了很多錢吧？還是你獨占了父母的財產？」都錯了！我以前存的錢早已花在中年留學上，父母的財產依舊還是父母的。

但我也不會因為這樣，日夜都在擔心錢的問題。從東京回來後，我在好友公司工作了一年，算是以前工作的延伸，年薪和待遇不錯，我現在用那一年賺來的存款生活。

奇特的是，相較以前我請客的時候，現在的存款沒有什麼差異。如果仔細分析，可能有很大的差異，但存摺簿上顯示的金額差不了多少，原因是現在需要用錢的事變少了，例如基本的飯錢、為了上班打扮的服裝費和化妝品費、每個月付錢卻沒去過一次的健身房會費、符合職位的信用卡年費，以及用搭火車太累為藉口改搭飛機的交通費等等，現在更懂得三思，節省這些花費。

這邊少一點，那邊省一點，偶爾賺一些外快，足以維持生活。我也不是刻意要省錢的，想買的還是會買，想吃的還是會吃，只不過是更謹慎地花錢，減少買來放著沒用的東西，不吃讓自己會後悔的食物。

曾經我也有過一段倚靠月薪存款的時光，不是因為我的薪資高，而是因為我沒時間花。當時我的壓力有多大，錢就累積多少，但為了紓壓，這些累積的金錢馬上飛走了（財神爺跟壓力絕對是站在對立邊），雖然不是沒去想過存摺剩下多少錢，但金錢就是這樣，累積了一陣子的存款，當花錢速度變快時，就如流水般地消失了。擔不擔心結果都是一樣的，每次配合不同的情況調整，而且做我想做的事其實沒想像中的花錢，唯獨要先分清楚想做的與想買的，所以放下沒必要的擔心，怎麼樣都能生活的。

小豬啊！吃飽了吧？
我也很飽～

TIP

無論金額多少，都可以定存。定存期滿，再用回到我手上的存款辦另一個定存，這筆本金自動成為預備金，就算覺得可惜也不能隨意使用。

一個月的紐約生活

某個春暖花開的四月，我決定到紐約，想走在陽光四射的街道，喝一杯香醇的咖啡，尋找小畫廊，藉此獲取靈感，暖化一下被寒冬冰凍的頭腦與內心，再透過對別人的作品產生的嫉妒，喚起自己懇切想成為畫家的欲望。紐約是一人旅行最佳之選，只要健全的雙腳和一張地圖，到哪都可以。

我在韓國人網站和一位將工作室出租的留學生以電子郵件往返好幾次，並付了保證金和一個月房租。細心的房東為了減少我的不安，還寄了收據和一份隨時都能拿回保證金的合約給我。跨越布魯克林大橋，有一處雅致的住宅區，工作室就位在此。從透明的落地窗，可以清楚看見江河另一頭的曼哈頓風景。近期有許多年輕藝術家紛紛離開昂貴的曼哈頓市區來到這邊，多虧如此，這裡開了幾間販賣藝術書籍的書店，小巷中也坐落不少規模小但個性十足的畫廊。

天色特別陰暗的星期五，我決定到美術館度過一整天的時間。不知道是不是因為天氣，美術館裡人很少，戴上導覽機，我悠悠哉哉地閒逛，這些年輕畫家們展示在美術館的作品中充滿了生命力與活力，也以登上紐約舞臺證明了自己。我的嫉妒化為羨慕，形成一座無法超越的高牆，讓我怯場了。離開美術館，我帶著垂頭喪氣的心情橫跨灰暗的布魯克林大橋，打算晚餐要吃好一點，別讓今天的自己更難堪了。

走向一間 Google 推薦的西餐廳，點了一客牛排和一瓶紅酒，四處看看；一對坐在窗邊的老夫妻，他們對視著，交頭接耳地聊著天，我咀嚼著嘴裡的牛排，看著他們，宛如一幅畫。他們用完晚餐後，一位服務生端上了一盤很小的蛋糕，小聲地唱著生日快樂歌，其中一位老人拍著手，另一個老人抱著胸口吹蠟燭，原來是為了慶祝八十七歲大壽。當天生日的那位老人切了一片蛋糕給我：「人生很美，對吧？」我點頭笑了。那瞬間，內心溫暖了起來，這比在紐約看到的任何作品還要令人感動，這大概就是我來到紐約的原因吧！人生很美，別錯過了這份美麗，將它畫下來，寫下這篇文章，告訴自己別忘記了。

第一階段是學習當地人的生活……
在咖啡廳發呆一整天～

TIP

如果有一座城市像是你的靈魂夥伴，無論是哪，都試著去住一個月吧！學習當地人的生活，其實沒有你想像中的花錢。如果那個地方在國外，可以透過韓國人網站找尋放假回韓國的留學生，借住一個月，便宜很多，不過房租當然還是要慎選。

毛毯般的一天

是新年！新的一年！我們每次都著重在「新的」，忙著許願或規劃，期許自己過得比去年更好。

但說實話，三百六十五天過去，每次迎來「新年」時，一定都要給自己一點壓力，告訴自己要去做一些沒做過或沒成功過的事情嗎？新年不過是掛上了「○○○○年」的標籤，還不是今天的延續、繼續做著過去做的事。新年第一天開始擬定計畫，就像是不得不做的作業，形成了另一種壓力。

「新年第一天，清晨一大早混入一群去看日出的人裡，像個難民被推到山頂上。過一會兒，紅色太陽慢慢升起，『嚇』地嘆了一聲，澎湃的心情之下，咕嚕地吞了一口菸，心臟撲通撲通跳。雖然不知道這份情感是什麼，但莫名掉入錯覺中，似乎要大展身手才行，趕緊回家打開新年日曆本，日曆本就像燙好的襯衫，平坦整齊，但卻不知道該寫什麼，真是掃興。」

後輩H新年一早去看日出回來後，立刻打給我，沒頭沒尾地講了一堆，還不像短篇小說般有導讀。等H說完後，我沉靜了一會，回他一個簡短的總評：「所以我說啊，別因為是新年就覺得有什麼特別，而抱持過度的期待，我們現在都好好做著某件事、過著自己的人生，就已經夠了。」

新年第一天，我和好友們一起待在溫暖的房間裡，慵懶地喝了咖啡。我抱著一個鬆軟的墊子，再把另一個墊子放到後背，腰際蓋上一條餐桌大小的毛毯，剝了一顆橘子，邊吃邊閒話家常。沒有一個人說：「我說新年啊……」。大家開始對年紀感到害怕，發現新年不過是數字又增加的日子，不特別期待什麼改變，所以即使不小心事情弄遭了，也不會太失望。而且越是這樣，未曾想過的幸運搞不好會包著毛毯滾過來，想著就覺得好笑。

我幫一位不小心睡著的好友蓋上了毯子，想起如毛毯般的今天，不多也不少，符合需求的溫暖，夠我使用，讓給別人也不會惋惜。不貪心的一天，反覆過著這種日子，該有多好？擁有這樣的日子，即使無法成為成功人士，也不會變成令人厭倦或乏味的人。

與其寫下該做的事情，不如寫下自己
做到了哪些事情，不是比較快樂嗎？

TIP

新年到，我買了一本沒有年度的萬年日曆本。別寫今天該做什麼事，不如寫下昨天做了什麼，是否對自己感到滿意或需要反省。

女兒成爲媽媽的朋友

週末回家，媽媽拿出裝滿衣服的洗衣店塑膠袋說：「這些衣服是去年買了卻沒穿的，你穿比較合適。」我笑了笑，她肯定是那時候看到很喜歡但現在不愛的衣服，所以丟給我，自己穿新衣服。年紀大了之後，女兒成了媽媽的朋友。

奇怪，我沒什麼幼年的記憶，甚至不記得國小三年級前的任何事。媽媽說到我的時候，不情願地回道：「我有這樣嗎？」看到周圍的人還清楚記得自己三四歲時的事，我更加覺得不可思議，記憶薄弱的幼年時期，他們真的都記得嗎？為什麼我都不記得了？是我不想記得？還是沒有我想要記得的人事物？四兄妹之中，我排行老三，既不是長女，也不是長男，更不是老么，孤零零又傷心。

高中畢業後，來到首爾，和媽媽的距離更遠了，心裡一直很想念她，但兩人見面時，媽媽會將我從頭到腳念過一輪，嘮嘮叨叨的，又覺得累。上班後，媽媽的嘮叨雖然減少了，但又會過來翻遍我現在住的地方，幫忙打掃，嫌棄女兒買的午餐，隨便吃了幾口便放下碗筷，讓人難以忍受。

曾經我只會和媽媽報備基本生活，現在卻和媽媽成為無話不談的朋友。這都多虧去了東京留學，為了請媽媽幫忙寄送行李或一些小菜，我不得已需要倚賴媽媽；我也對媽媽感到抱歉，都長到這把年紀，還要讓她擔心，因此至少要常打電話，讓媽媽安心。曾經不到五分鐘就掛掉的電話，現在可以講超過三十分鐘，偶爾還會講到手機發燙。主要都是聽媽媽說話，那是我第一次感受到媽媽的孤單，媽媽人生中最燦爛的時光，都花在子女和丈夫身上，一年比一年衰老，所以需要一個可以表露真心的朋友吧！

偶爾媽媽勾著我的手臂，邀我陪她去百貨公司逛逛，我才發現原來媽媽感到孤單的時候就會找人去逛百貨公司啊！沒特別想買什麼，只是為了填補空虛的心，找到安慰。我赫然想起一本小說《請照顧我媽媽》，我想對全天下的女兒們說：「成為媽媽的朋友吧！」

TIP

賴著媽媽，要她講講自己的故事，比起那些充滿擔心的嘮叨，聽起來是不是更舒服、有趣呢？而且聽著聽著，你就會明白為何自己和媽媽如此相像。

人生如棒球

「我想和父親變得更親近。」

這年紀說這種話是有點肉麻。某一個棒球迷在自己的粉絲專頁請大家留言「你觀賞棒球的理由」，即送三張棒球賽門票。上面那句話是我的留言，他對我的留言按了讚並把票全部送給我，當然我說的也是真的。

從東京回來後，因為媽媽懇切地拜託，我在家裡住了一個月。第一次和父親有了單獨相處的時光，父女間尷尬之情表露無遺，彼此沉默著。太陽一下山，我們一起靜靜在客廳看棒球，電視頻道的選擇權通常在父親手上，所以我僅在他身旁呆呆地跟著看。面對無聊的球類比賽，除了想增添樂趣，也試著打破與父親之間的沉默，我開始不斷向父親問問題，從最初的基本規則，再來評論選手出場的順序，到最後一起拍手叫好，為教練的策略歡呼；甚至在棒球聯賽結束後，下了一個哲學性結論：「人生如棒球」。我第一次和父親有了共同點。

當我在看棒球的時候，再次確信「機會對誰都是公平」的事實，以及「走紅」一詞中，有令人難耐的輕浮與虛無的意涵。

有一種選手，他的角色是替代受傷的主力選手上場，每次他登場的時候，解說員會這麼說：「真可惜，這位選手不該是替補而已……高中時，他真的很有潛力，對吧？但運氣真不好，哪時候才能發揮真正的實力呢？」令人不禁懷疑這位解說員是否與那位選手很熟。他說出那番話可以感受到他心中的想法，如他所說，那位選手運氣真的很不好，機會雖然來了，總是打不進壘；即使踩著壘，無論是草率的盜壘或跑壘皆被判出局。而對於他狼狽不堪的背影，解說員又說了：「真是……可惜啊！總有一天，他會成功的吧？」

第二年，聯賽來了。開幕賽時，那位選手依然未被選為主力選手，但因為一位資歷豐富而被選為「王牌」的選手受傷，而有機會上場。令人驚訝的是，他連續揮棒成功得分，讓對方防不勝防，成為大家起立鼓掌的逆轉勝主角。第一次在螢幕上看到他的笑臉，解說員更是激動地說：「終於！他終於發揮實力了！當然啦，他就是這樣的選手啊！」接著畫面掃過那位因受傷而出局的「王牌」選手，那一刻是他自動讓出自己的寶座給那位「水逆」的選手。無論方法是什麼，機會都是公平的，那位選手抓住了自己的機會。

機會如危機，沒準備好的人，在專業選手的圈子裡，無論多麼耀眼，除了日夜練習、累積實力證明自己的價值外，也會因為時機未成熟，幸運女神未能找上自己而覺得委屈，甚至認為連個機會都沒有，何必努力呢？但是，機會是「自己」創造的，譬如你要參加派對的時候，首先要先準備派對穿的禮服，總有一天會遇上千載難逢的機會。若還未準備好，此後將越來越不可能成功了。

今日我得到的機會也有可能是他人的機會，即使我因為這個機會發光發熱，也要做好準備讓位給下一個人。風水輪流轉，機會還是會以不同的樣貌再回到你的身邊，所以千萬別覺得委屈或焦躁，慢慢等待吧，直到機會回到你身上！

衝啊～
來個紅不讓
今天獲勝吧！
LOTTE
怎麼會……
九局下半逆轉
紅不讓～
真……令人無力～
這就是人生吧
努力偶爾也會
背叛你……
TTE

TIP

看著體育比賽，常常會領悟到「原來不只我會這樣」。
花點時間在賽場上好好立足，就能真正開啟新世界。

如果說啊……

偶爾會感受到自己的青春年華漸漸消逝，每次為此感到焦躁的時候，我都會想起短篇電影《三更2》裡的〈餃子〉，講述女演員菁菁想要回春的故事。當代最火紅的女藝人菁菁看見自己逐漸老去，心裡變得不安，擔心會被其他年輕貌美的女明星擠出演藝圈，連丈夫也被貌美如花的小三騙走，所以天天吃下「回春」餃子，期待找回青春美貌。當她得知餃子的秘密（由墮胎兒的肉做成）後，被迷惑的她仍然做出不人道的行為，偷偷接受未婚媽媽的胎兒，將其胎兒的骨肉絞碎做成內餡包進餃子。她臉色蒼白，卻優雅地在餐桌坐下吃起餃子的模樣，實在太毛骨悚然了。她面無表情、慢慢地品嘗餃子，發出「喀吱喀吱」的聲音，像是她對青春的吶喊，又像是胎兒還未出生

9由日本、韓國、香港聯合推出的恐怖電影。該片分成三個獨立的單元，分別是〈餃子〉、〈割愛〉、〈盒葬〉。

便面臨死亡的哭泣聲。

菁菁為什麼要死守著青春呢？應該不只是為了享有美貌與眾人的矚目；隨著年紀增長，菁菁什麼都沒有了，所以才貪戀年輕人的無限可能性，不是嗎？「如果說……我和你們這些人一樣擁有年輕美貌，我的生活是不是會有所改變？」有時候我也像貪戀青春的菁菁一樣，看到閃閃發光的年輕人從我身旁走過，羨慕得失了魂。

二十歲的我，一到週末就打扮得漂漂亮亮出門去，此時奶奶會用羨慕的眼神，抱著我說：「年輕真好，想做什麼都可以。」但那時我還年輕，與奶奶的立場不同，我覺得因為年輕，所以什麼事都不能做，頂多是擁有可以做什麼事的「可能」。它雖然能讓我大膽地向前走，可是每個人都有這份可能，而且它使我混亂，督促我要趕緊找到自己幻想的未來，就算沒有任何目標。不過，也是因為那時盲目的衝勁造就了現在的我，無論過程發生什麼事，有怎樣的結果都不重要，因為這般燦爛的過往使我存活至今；換句話說，我做完自己該做的事了。

嚮往「如果說……」的青春，其實毫無意義，也不需要再背負任何關於「如果說……」的那種令人內心澎湃的盼望，我們只需要想著「未來的我」應該如何繼續生活，接著做好下一個階段的任務就可以。

雖然還不亮眼，但我也到了想和
星星一樣默默閃爍的年紀了。

TIP

別想著與青春抗爭，絕對屢戰屢敗，只會讓自己更累、更痛苦，以及更快老去。

致她們

四十歲的我，穿著不曉得是睡衣還是居家服的寬鬆連身裙，坐在書桌前發呆，敲打著筆電的鍵盤。突然間周圍變得灰暗，眼前出現三十歲的我，她正在努力向客戶報告企畫，不知道是不是太緊張，冷汗直流，臉上雖然化了妝，卻看似很疲憊。這時，不知道從哪裡傳來高冷的皮鞋聲，二十歲的我衣著端莊正式，直挺挺地走進來，坐在走廊尾端的長椅上，一臉悲壯地等待接受實習員工的面試。此時忽然聽見有人大喊我的名字，趕緊起床後，膝蓋上的書包掉落，十歲的我默默看著現在這副傻樣哈哈大笑，無論是感到心寒或羨慕，十歲、二十歲，以及三十歲的我圍繞著現在四十歲的我。

上述是我不到一小時的午睡裡夢到的故事，大概是最近陷入低潮，所以才做了一個猶如人生跑馬燈般的怪夢吧！夢裡，四十歲的我正在跟過去的自己道歉：很抱歉，你們之前那麼拚死拚活，結果現在的我卻是「這副模樣」。

四十歲的我既沒了青春，又沒了工作，沒有任何比過去更好的地方。但我想對四十歲的自己說：「我也不知道自己會變成這樣，任何人都無法預測自己會過得怎樣，所以呀！這樣的生活也不差。我不敢說現在比以前更好或更滿意，唯一萬幸的是，我現在終於發現自己真正喜歡的是什麼。老實說，我分不清什麼是想做的，什麼是喜歡的。因為大學畢業了，就該脫離父母獨立；又或是盲目跟隨現在的流行，這些理由皆來自於『我想要』而非我喜歡，但既然都做了，不如就相信這就是『我喜歡的』吧！無論如何，因為有你們才有現在的我，雖然不如你們的期待，但你們還是相信我會越來越好、支持著我吧？畢竟現在輕鬆自在的我終於能找尋真正的自我了。」

我相信你們一定是這麼相信、支持我的！

致未來的我……
想做的就是隨心所欲、
快樂、幸福地生活！

TIP

當我覺得心情煩悶時，試著去思考：十年後的我會怎麼說自己呢？我會想聽到什麼話？

小小希望

曾看過一句話：「希望是為了嘗到絕望。」這番冷酷無情的見解，不知從何而來，但隨著年紀的增長，我越來越同意這句話。我們常把希望放在高處，反而成了一個無法承擔的欲望，一輩子扛在肩上；但卻沒有人把平凡的日常當作希望，也不會有人認為明天一早起床的晴朗天氣是一種希望，因為這都是理所當然的。然而，我們認為的理所當然，對一個瀕臨死亡的人，卻是遙不可及的希望。

當我還深陷於社會的水深火熱時，正值青年時期，那時我的希望總是會變成絕望。把希望設想得越大，越是迫切地想要實現它，它就越刺激我，全身上下都感到不安、揪心。現在回頭看看，那時的希望更像是一種好勝心，不是為了取得與能力相當的成就，也不是想拿回努力的回報，只是單純想悄悄挺過每日的辛勞，才激發了好勝心，卻因此陷入希望的泥沼裡，動彈不得。

然而，那些從未想過的事情反而成了希望的種子，救贖了我。像是開玩笑般丟出的創意想法竟引起意外的迴響，贏過我絞盡腦汁、精心策劃了好幾個月的企畫案，同事和我都非常驚訝。所以，事情沒有正確答案，人生也是。

往後，我的希望也要像羽毛般輕盈。每天早上散步可以是一生的希望，一週一次和好友們喝杯咖啡或吃頓美味晚餐，也可以是一種不容錯過的希望；還有一天改變一點，懷抱這些小小的希望過生活，也是一種希望。

今天的希望事項……
請讓我泡一壺最美味的咖啡。

TIP

每天寫下今天的希望事項，並且一定要努力在當天完成它。希望越小，越容易完成，請記住這個道理。

後記 努力讓各種事情都順利度過

「每件事來了又去，去了又來。」

卡夫卡最後一篇日記上寫了這句話。離開公司後，該來的還是會來，不該來的也不一定會來，只不過觀點變了。

我決定離開公司，絕非是想改變這世界，而是想找回活在這個世界的自我，以及在前進的路途上，迎接即將遇見的人事物，再以自己的速度，靜靜地度過每一天。人生不會照著計畫走，但也不能因為這樣，什麼都不做，對自己袖手旁觀。不過，我想給自己一個真正的機會，以後不再去在乎誰的命運更重要、誰的負擔更重，只在乎自己、度過每個平凡無奇的日子。然後直到某一刻，我不再去想自己是不是真的可以過著這樣的生活，而是能自然而然地過著這樣的生活。我相信過去這段時間，我該做的都做完了，並且領悟到我做的任何事，只須自我接納，無須徵求他人的認同。在我可以真正過得像自己之前，我必須忍受這一段默默生活的時光。

不工作與不賺錢是兩碼子事，我不想再過只有工作的人生了。換句話說，我要從工作中找回自由。過去總以為自己已經習慣工作的日子，沒有它活不了，但現在我想開始選擇自己想做的事，不是逃避責任，只是想依照自己的方式度過人生。

每個人在工作中都有一段屬於自己的花樣年華，只不過這世界未必會看見。但你只要盡全力且無悔、對結果滿意、在下班時能露出笑容，哪怕只有一次，一旦擁有這一刻，你就再也不必拚命去證明你自己，因為你已經或正在度過自己最繁盛的時光。因此，無論你是因為什麼理由離開了工作，不用再迷戀，現在正是選擇過得更好，或是繞別條路的時候，決定權在你手中。

雖然重複的工作和生活模式能帶給你安全感，卻也讓人動彈不得，別害怕推開熟悉的人事物，儘管會因此不安，讓你產生「該不會……」的懷疑，但讓你擔心的事百分之九十都不會發生。你別在每個夜裡自責，請毫無顧忌地大聲說：「不安是正常的，平凡度過這樣的日子也沒有關係。」

無須勉強自己對人生充滿篤定，因為回頭看，你的篤定反而更像是傲慢；傲慢是自負的另一個名字，它是一道為了掩蓋內心的柔弱與害怕的盾牌。當你理解自己後，這世上再也沒有你不能理解的事了，這一瞬間，你會發現世界站在自己這邊，你也站在世界這邊。下半輩子過著這樣的生活，也挺不錯的，是吧？

國家圖書館出版品預行編目資料

下半輩子，不再為工作而活：給厭倦了生活只剩下
工作的你 / 金江美 著；陳彥樺 譯 -- 初版. -- 臺北
市：平安文化. 2021.06
面；公分（平安叢書；第0685種）（Upward；117）
譯自：남은 생은 일하지 않습니다
ISBN 978-986-5596-15-6（平裝）

1.自我實現 2.自我肯定

177.2   110006997

平安叢書第0685種

Upward 117

下半輩子，
不再為工作而活

給厭倦了生活只剩下工作的你

남은 생은 일하지 않습니다
(No more Work, in rest of my Life.)
Copyright © 2020 by 김강미 (Kim Gang Mi, 金江美)
Complex Chinese Copyright © 2021 by Ping's
Publications, Ltd.
Complex Chinese translation Copyright is arranged with
TOMATO PUBLISHING HOUSE
through Eric Yang Agency
All rights reserved.

圖　‧　文—金江美
譯　者—陳彥樺
發 行 人—平雲
出版發行—平安文化有限公司
　　　　　台北市敦化北路120巷50號
　　　　　電話◎02-27168888
　　　　　郵撥帳號◎18420815號
　　　　　皇冠出版社（香港）有限公司
　　　　　香港銅鑼灣道180號百樂商業中心
　　　　　19字樓1903室
　　　　　電話◎2529-1778　傳真◎2527-0904
總 編 輯—龔橞甄
責任編輯—黃雅群
美術設計—陳歆
著作完成日期—2020年
初版一刷日期—2021年06月

法律顧問—王惠光律師
有著作權‧翻印必究
如有破損或裝訂錯誤，請寄回本社更換
讀者服務傳真專線◎02-27150507
電腦編號◎425117
ISBN◎978-986-5596-15-6
Printed in Taiwan
本書定價◎新台幣350元/港幣117元

●皇冠讀樂網：www.crown.com.tw
●皇冠Facebook：www.facebook.com/crownbook
●皇冠Instagram：www.instagram.com/crownbook1954
●小王子的編輯夢：crownbook.pixnet.net/blog